SÓ DEPENDE DE MIM

Sara Kuburic

SÓ DEPENDE DE MIM

Traduzido por Nina Lua

Título original: *It's On Me*
Copyright © 2023 por Sara Kuburic
Copyright da tradução © 2024 por GMT Editores Ltda.

Publicado mediante acordo com Folio Literary Management, LLC e Agência Riff.

Todos os direitos reservados. Nenhuma parte deste livro pode ser utilizada ou reproduzida sob quaisquer meios existentes sem autorização por escrito dos editores.

coordenação editorial: Juliana Souza
produção editorial: Guilherme Bernardo
preparo de originais: Midori Hatai e Priscila Cerqueira
revisão: André Marinho e Tereza da Rocha
diagramação: Ana Paula Daudt Brandão
capa e imagem de capa: Filipa Damião Pinto (@filipa_)
impressão e acabamento: Bartira Gráfica

CIP-BRASIL. CATALOGAÇÃO NA PUBLICAÇÃO
SINDICATO NACIONAL DOS EDITORES DE LIVROS, RJ

K97d
    Kuburic, Sara
        Só depende de mim / Sara Kuburic ; [tradução Nina Lua]. - 1. ed. - Rio de Janeiro : Sextante, 2024.
        256 p. ; 21 cm.

        Tradução de: It's on me
        ISBN 978-65-5564-820-1

        1. Desenvolvimento pessoal. 2. Autorrealização (Psicologia). 3. Autopercepção. I. Lua, Nina. II. Título.

24-89046
                CDD: 158.1
                CDU: 159.923.2

Gabriela Faray Ferreira Lopes - Bibliotecária - CRB-7/6643

Todos os direitos reservados, no Brasil, por
GMT Editores Ltda.
Rua Voluntários da Pátria, 45 – 14º andar – Botafogo
22270-000 – Rio de Janeiro – RJ
Tel.: (21) 2538-4100
E-mail: atendimento@sextante.com.br
www.sextante.com.br

Para todos aqueles que se sentem perdidos

Nota da autora

As experiências de vida que temos e compartilhamos são íntimas e sagradas. Pertencem a nós e nunca são completamente compreendidas pelos outros – o melhor a fazer é ouvi-las, interpretá-las e aprender com elas. Elas são emprestadas, portanto sua vibração original está dentro de quem as viveu. É por isso que sou profundamente grata a todos aqueles que se dispuseram a contar suas histórias, que se abriram para me oferecer vislumbres preciosos de sua existência.

Este livro se baseia na minha experiência teórica e clínica, mas é inspirado nas minhas vivências e em conversas que tive com pessoas que conheço e com quem trabalho. Todo paciente, amigo e participante de pesquisas recebeu um pseudônimo, e as características que poderiam identificá-los foram alteradas. As conversas foram modificadas num esforço de proteger a privacidade e respeitar a confidencialidade. Além disso, algumas vezes meus detalhes biográficos são ligeiramente adaptados como forma de preservar minha privacidade e minha segurança, ainda que tenha sido mantida a integridade de minhas vivências.

Por último, a filosofia é uma esfera complicada e, embora eu tenha tentado ao máximo esmiuçar algumas ideias complexas, recomendo que você faça suas leituras e chegue à sua verdade.

Sumário

Não sei quem sou   11

PARTE I   **O Eu**   21

1 O que é a perda de si mesmo?   23

2 O que é o Eu?   42

3 O que a vida está pedindo de mim?   65

PARTE II   **O Eu que você perdeu**   81

4 O que causa a perda de si mesmo?   83

5 Como a sociedade perpetua a perda de si mesmo?   109

6 Onde eu termino e os outros começam?   137

PARTE III   **O Eu que você vive**   159

7 Limpeza mental   161
Crie espaço para quem você é de verdade

8 O corpo elétrico 182
Reconecte-se e converse com seu corpo

9 Sinta tudo 211
Vivencie e expresse suas emoções

PARTE IV **O Eu que você é** 233

10 A arte de ser você 235

Agradecimentos 247

Referências 249

Leituras sugeridas 255

Não sei quem sou

– Você está feliz?

A pergunta me pega de surpresa, assim como meu instinto de responder: *Não, com certeza, não. Estou apenas suportando o fato de estar viva.*

Fico em choque.

Tenho 24 anos; estou passando um fim de semana em Los Angeles e tomando um drinque com um amigo da faculdade com quem não me encontro muito desde a formatura. A conversa fluía leve até então: relembramos nossos tempos despreocupados na graduação, ficamos constrangidos e rimos com algumas recordações. E de repente ele me desarmou com esta pergunta aparentemente inofensiva:

– Você está feliz?

Apesar de não dizer em voz alta, é a primeira vez que me *permito* reconhecer que estou profundamente infeliz. *Por que agora?* Nessa interseção entre a verdade e a emoção bruta – o momento que, anos depois, eu identificaria em meus pacientes quando eles percebessem, de modo repentino e irreprimível, que um aspecto da vida deles não lhes parecia mais genuíno –, as lágrimas começam a rolar pelo meu rosto. Meu amigo me encara, perplexo.

Fico ali sentada, me sentindo encurralada e traída pelo meu próprio corpo. Começo a arfar à medida que os pulmões lutam para encontrar ar entre os soluços. Não falo nada. Em vez disso, mergulho em pensamentos desconexos e agitados.

Estou extrema e profundamente infeliz.

Não sei mais quem eu sou – e não lembro a última vez que soube.

Eu me sinto despedaçada – mas não me lembro de me despedaçar.

Aviso ao meu amigo que preciso ir ao banheiro. Trôpega, chego até a pia e me agarro na borda para me estabilizar. Um grito está crescendo dentro de mim, mas não o deixo escapar. Jogo água no rosto e no pescoço, na esperança de que o frio me leve de volta a uma realidade que doa um pouco menos.

Quando enfim encaro o espelho, vejo olhos ocos e desconhecidos. Estão vazios. *Por acaso tem alguém aí?* Passo a mão no rosto para enxugar as lágrimas, e a estranha me imita. A mulher que está tocando nas minhas bochechas sou eu, mas *ela* não se sente como *eu*. Estou completamente desconectada da pessoa que me olha de volta. *É essa a pessoa que todo mundo vê?*

Estou tonta, inexplicavelmente sufocada.

Então a ficha cai: *Eu ODEIO a mulher no espelho.* Ela me deixa confusa, frustrada e magoada. Quero que ela exploda! Sofro enquanto ela me observa vivendo uma vida que nem tenho certeza se vale a pena viver.

Então não...

– Não estou feliz – pronuncio, enfim, em voz alta, em um banheiro vazio, para ninguém em especial.

....

Na manhã seguinte, tenho que pegar um avião – minha irmã e eu tínhamos ido a Los Angeles para uma "viagem de amigas" e vamos voltar para Vancouver, onde moramos. Consegui retomar o autocontrole no bar, mas agora o pavor de retornar à vida "real" é palpável. Enquanto arrumo a mala, vou me sentindo mais pesada a cada peça de roupa que dobro e guardo. Começo a pensar em todas as pessoas, coisas e todos os papéis que me obriguei a ter na minha vida e que não foram feitos para mim. Então logo me culpo, me sentindo ingrata e até envergonhada pelo meu descontentamento. Aos 9 anos, eu já havia sobrevivido às guerras da Bósnia e do Kosovo, e o fato de estar viva, saudável e morando no Canadá é um privilégio enorme e maravilhoso. Tenho casa, comida e o ar fresco do mar. *As coisas estão bem!*

Mas é claro que essa positividade forçada só faz com que eu me sinta pior.

A verdade é que venho sentindo dificuldade em ser grata. Moro em um quarto e sala escuro, no subsolo, que meu marido e eu mal conseguimos pagar. A van surrada que eu dirijo faz uma barulheira terrível toda vez que piso no freio. Eu me casei no verão antes de começar o mestrado, na tenra idade de 22 anos. Na comunidade cristã conservadora em que cresci, ninguém estranhou o fato de eu ter assumido um compromisso tão grande antes de meu córtex frontal ter se desenvolvido por completo. *Por que ninguém me impediu?*, penso. Agora eu chego em casa e encontro um marido que não amo. Por sorte, passo a maior parte dos dias nas aulas e estudando para o meu programa de mestrado em psicologia clínica – mas até esse refúgio é exaustivo e competitivo. A cada tarefa, minhas falhas e meus traumas do passado ficam óbvios. Além das exigências acadêmicas, tenho que descobrir e elucidar a dor emocional de outras pessoas em sessões de terapia, ao mesmo tempo que tento administrar a minha. Passo bastante tempo imaginando uma vida muito diferente

– fantasiando com as infinitas possibilidades do que poderia ter sido – como uma forma de lidar com a minha realidade. Ultimamente, percebi que meus sentidos andam entorpecidos, fazendo com que eu me sinta quase desconectada da minha existência.

Vivo sob a pressão de ser alguém que não sou e de viver uma vida que não quero. As pessoas acham que minha vida é divertida, doce, até idílica, e tomei para mim a tarefa de manter as aparências – o casamento perfeito, a silhueta magra, as conquistas acadêmicas. Ainda assim, por mais que eu tente, sinto que estou fracassando – comigo mesma e com as pessoas ao meu redor.

Estou me afogando.

Sou requisitada a ser muitas coisas: esposa, estudante, terapeuta, amiga, filha e irmã. Mas ninguém pede que eu seja eu mesma, que eu mostre quem realmente sou – e, mesmo que pedissem, não importaria, porque nem eu sei quem essa pessoa é de verdade. Não tenho espaço para desemaranhar meus pensamentos ou decifrar meus sentimentos, embora talvez isso seja apenas uma desculpa, porque tenho a leve suspeita de que, se fizesse isso, eu desabaria. Eu me sinto encurralada, com medo de que todas as minhas decisões – grandes e pequenas – tenham selado uma condenação, sem direito a liberdade condicional, a uma vida que não quero viver. Bem no fundo, sei que a única forma de escapar é destruindo a vida que eu levo.

Mas e se, nesse processo, *eu* for destruída? E se eu desmoronar antes de conseguir me libertar?

….

No táxi a caminho do aeroporto, estou suando em bicas, enfiando as unhas na palma das mãos para tentar não vomitar. *Nada* parece certo no meu corpo. Não consigo nem bater um papo com minha irmã; meus pensamentos estão acelerados. Quando chegamos, meus sentidos estão inundados. A multidão, o cheiro de fast-food misturado com o de café e o peso de sustentar meu corpo enquanto estou em pé na fila para embarcar – tudo é *excessivo*.

À medida que o desconforto se intensifica, faço um esforço para ignorá-lo. (Por que os humanos preferem aguentar o sofrimento a encarar a verdade?) Nego minha realidade com sucesso até que nos acomodamos no avião e o aviso para apertar os cintos acende para a decolagem. No momento em que prendo o cinto, minha visão fica turva, sinto falta de ar, e minha pele parece me apertar. Estou desesperada para escapar – desse assento, do meu corpo, da minha vida. As paredes de lata do avião estão se retraindo e o ar parece mais denso, rançoso. O suor escorre pelo meu pescoço e pelo meu peito. Tiro o cinto, me levanto e me forço a andar até a frente da aeronave. Passageiros confusos observam enquanto a comissária de bordo pede várias vezes que eu me sente.

– Preciso sair. Preciso sair agora! – grito.

Alguma coisa está acontecendo. *Nada* vai me parar.

Nem me lembro de sair do avião, mas, de repente, estou diante de um portão vazio do aeroporto, olhando para minha irmã, tomada por puro pânico.

Minhas pernas formigam. Então a parte de cima do meu corpo colapsa. Meus braços se dobram, minhas mãos se curvam em direção ao peito enquanto meus pulsos giram e meus dedos se contorcem em garras. *Estou presa no meu corpo*. Minha irmã corre em busca de ajuda médica. *Meu Deus*. Fico apavorada ao vê-la se afastando. Ela volta minutos (mas parecem *horas*) depois, bem a tempo de me ver perder a capacidade de falar. Não consigo mais mexer a mandíbula e os lábios, e emito grunhidos em vez de palavras.

Então, tão de repente quanto os sintomas surgiram, minha mente clareia. Estou focada.

É engraçado como nos libertamos quando acreditamos que estamos diante da morte. Nesse momento, percebo que estou disposta a fazer qualquer coisa para me proteger, porque *nada* vale esse sentimento. *E se eu morrer antes de ter a chance de existir de verdade?*, penso.

Enfrentar a mim mesma e mudar a minha vida não parece mais uma sugestão, e sim uma necessidade. Tenho vontade de ajustar, queimar, jogar fora, abandonar ou quebrar qualquer coisa. Um pensamento soa mais alto: *Vou cuidar de mim. Não vou mais ser uma observadora passiva da minha própria vida.*

Vários minutos depois, os paramédicos chegam. Não estou morrendo; tive meu primeiro ataque de pânico. Eles me dão um comprimido e me pedem para respirar fundo. Estão calmos, e a calma deles me deixa confusa – *acabei de encarar a morte!* Mas, de fato, após alguns instantes, minha capacidade de falar volta, meus braços se soltam e consigo ficar de pé. Hoje entendo que meu ataque de pânico ocorreu em reação ao *reconhecimento* da minha lamentável situação: estar mergulhada em uma vida que não se adequava a mim e ter dificuldade de *ser* Eu. Esse acontecimento em si não mudou a minha vida, mas me forçou a perceber que nada mudaria se *eu* não fizesse ajustes. Parte de finalmente assumir a responsabilidade pela minha própria existência significava reconhecer quando eu era o problema. Significava olhar para dentro e aceitar que, no fim das contas, cabia a mim aceitar que minhas escolhas tinham criado minhas realidades e tomar as medidas necessárias para mudar as coisas.

Então, nos meses seguintes ao ataque de pânico no aeroporto, comecei a conscientemente criar espaço para a versão do meu Eu que eu *queria* ser – tive que crescer e evoluir. Em vez de controlar ou limitar quem eu era (ou permitir que outros o fizessem), aprendi a só deixar o meu Eu *ser*. E, com essa forma de existir, comecei a me sentir mais reconhecida, vista e compreendida do que nunca – não pelos outros, mas por mim mesma. Descobri quem eu era e, finalmente, aprendi a viver de acordo com meu Eu.

Na prática, terminei meu casamento. Tirei uma licença sabática dos estudos. Parei de atender meus pacientes por um tempo. Me afastei de amigos que pareciam não querer o meu bem. Estabeleci limites e, consequentemente – e dramaticamente –, perdi ou transformei muitos dos relacionamentos que estavam contribuindo para minha ansiedade ou meu pavor existencial. Comecei a ouvir meu corpo com *muito* cuidado. Reconheci a gaiola de expectativas em que eu estava vivendo. Arrumei minha mala, verifiquei que tinha 800 dólares na conta, perguntei a um amigo se poderia dormir no sofá dele e entrei num avião com destino à cidade na Sérvia onde cresci (sem a menor ideia do que ia fazer lá ou de quando voltaria). Passei a escrever um diário. Me permiti chorar. Comecei a encarar o trauma do meu passado infestado pela guerra. Não fiz sexo até realmente ter vontade. Eu comia e me movimentava de forma que meu corpo se sentisse confortável. Fiquei de luto pelo relacionamento comigo mesma que nunca tivera. Escutei e questionei o que eu tinha a dizer. Descansei. Aprendi a colocar tudo isso em prática, um esforço contínuo e repetido que moldou minha vida. E, o mais importante, assumi a *responsabilidade* pela minha própria existência. Quando voltei a estudar, concluí o mestrado em aconselhamento psicológico e, em seguida, fiz doutorado em ciências da psicoterapia. Me tornei uma terapeuta existencial, ajudando pacientes com problemas de identidade, relacionamentos, traumas e, bem, questões existenciais (vou me aprofundar neste assunto mais adiante). Comecei a trabalhar com pessoas que se sentiam vazias, desconectadas, frustradas ou apenas infelizes com a vida que tinham ou com quem eram.

Nas minhas sessões, comecei a ver um ponto em comum:

A perda de si mesmo.

A perda de si mesmo é o que acredito estar no cerne de grande parte do sofrimento humano. Embora a maioria de nós seja capaz de compreender intuitivamente o que significa a expressão "perda de si mesmo", é provável que nunca tenhamos ouvido falar dela ou que ela nunca tenha sido explicada. *A perda de si mesmo é o fracasso da nossa responsabilidade de SER nosso Eu.* Não é um conceito que você encontrará no Manual Diagnóstico e Estatístico de Transtornos Mentais (DSM-5) ou na maioria das salas de terapia, mas é uma experiência inerente à condição humana já descrita em romances, arte, música e na maior parte de nossa vida.

Depois que a vivenciei, passei a ter facilidade em reconhecer a perda de si mesmo nos outros, e foi fascinante ver minha própria experiência ecoar nas narrativas que ouvi de pacientes e participantes de pesquisas ao longo dos anos. Então foi por isso que escrevi este livro: para ajudar você a explorar o conceito da perda de si mesmo, para que consiga responder às duas perguntas mais assustadoras de todas:

Quem sou eu?
Por que estou aqui?

Não vou, ou, melhor, não posso dar as respostas. Em vez disso, vou mostrar como *viver dentro dessas perguntas.* A vida é confusa e complicada; precisamos abandonar a ideia de que ser humano pode ser fácil e simples. Vamos parar de fingir que existem respostas definitivas para todas as questões da vida ou que temos um objetivo único de felicidade ou sucesso. Isso não é possível, esse objetivo não existe. Mas você vai ver que construir uma vida na qual faz perguntas o tempo todo – e tem a responsabilidade de colocar em prática suas respostas – é muito libertador e significativo.

Muitos de nós sentimos dor por resistir a quem somos e ao que queremos – por não sermos abertos ao absurdo da existência e às formas desconhecidas de como a vida se desenrola. Meu ataque de pânico, apesar de crítico, foi o exato momento que me colocou no caminho profundo e empolgante de incorporar quem sou de verdade. Hoje, essa lembrança é colorida pela gratidão.* Sem ela, talvez eu ainda estivesse vagando, questionando quem eu sou e por que estou aqui. Ou, pior, eu ainda estaria *simplesmente, e eternamente, suportando o fato de estar viva.*

Enfim me sinto *livre* – livre para me expressar, para provar o vinho que bebo e para sentir o cheiro do mar do lado de fora da minha janela. As pessoas que fazem parte da minha vida são verdadeiras e me apoiam. Meus "papéis" se alinham com quem sou – são vivenciados por identificação, não por obrigação. Faço escolhas que me acolhem enquanto abraço a tarefa contínua de *ser* meu Eu. Quando olho no espelho, reconheço a pessoa que me encara de volta e tenho orgulho dela.

Então junte-se a mim nesta jornada dinâmica, bonita e gratificante da existência: *escolher*, a todo momento, quem você é e dizer *sim* para as pessoas, os lugares e as coisas que dão significado à sua vida. Dizer *sim* para enfrentar, aceitar e se apoderar por completo da sua linda vida e, o que é mais importante, do seu Eu.

---

* Não quero insinuar aqui que devemos sempre ser "gratos" por experiências dolorosas.

PARTE I

O Eu

Ousar é perder o equilíbrio momentaneamente.
Não ousar é perder a si mesmo.[1]
– ATRIBUÍDO A SØREN KIERKEGAARD

CAPÍTULO 1

O que é a perda de si mesmo?

Aqui está uma visualização que costumo sugerir a meus pacientes para dar a eles uma ideia de como é a perda de si mesmo:

> *Imagine que você está sozinho ou sozinha em uma poltrona de couro surrada no meio de uma sala. À sua frente há uma mesa de centro lascada, esforçando-se para aguentar o peso dos vários livros empoeirados que você pretendia ler, mas nunca encontrou tempo para isso. Você tem uma xícara com café frio, o leite coalhado na superfície. Na mesa lateral próxima há um abajur verde antigo, um mero objeto decorativo, já que a sala foi incendiada.*
>
> *As chamas estão lambendo as paredes, descascando o papel e lançando cinzas no ar. O fogo avança lentamente na sua direção; pequenas faíscas abrem buracos no tapete aos seus pés. Você mal consegue enxergar em meio à fumaça; seus pulmões se enchem de gás tóxico, seus olhos lacrimejam. Mesmo assim, você continua ali na poltrona – pagando contas, verificando o e-mail, cumprindo prazos de trabalho, enviando longas e tediosas mensagens de texto ou postando frases inspiradoras no Instagram –, ignorando sua morte iminente. Você ouve gritos instintivos vindos do seu interior. Uma voz lá no fundo implora que você se MEXA.*

Mas, em vez disso, você se convence de que "está tudo bem", de que você está bem, no controle. Que o modo de vida que você escolheu não vai machucá-lo. Sua vida está ameaçada, mas por algum motivo você não percebe; ignora esse fato ou talvez espera que outra pessoa salve você. Você está com muitas tarefas e não tem tempo para se salvar. Ou talvez você note o incêndio, mas prefira debater quem o provocou – descobrir de quem é a culpa em vez de encontrar um jeito de sobreviver. Independentemente dos detalhes, você não toma a decisão de apagar o fogo, o que significa que escolheu se queimar.

Peço aos meus pacientes que reflitam sobre, explorem e deem sentido a essa metáfora. Quando eles elaboram a própria interpretação, compartilho o que pretendo com isso:

Estamos sozinhos na sala porque isso é um fato – ninguém nunca saberá de verdade como é ser nós. A poltrona velha e surrada representa o conforto que sentimos com os hábitos e os padrões que desenvolvemos. Ela está no centro da sala porque muitas vezes somos – para o bem ou para o mal – o foco da nossa vida. Nossos relacionamentos desgastados (a mesa) são sobrecarregados pela nossa falta de crescimento interno e cura (os livros que nunca foram lidos). O café frio representa a passagem do tempo e a complacência se instalando. O abajur é nossa consciência cada vez mais fraca, com sua luz ofuscada pelas chamas (nossa negação) que sobem pelas paredes.

O papel de parede representa nossos limites. Ao longo do tempo, ele começa a se descascar e a comprometer a integridade da sala, de quem somos. O tapete, a nossa base – crenças, princípios, valores –, tem buracos, por isso não sabemos direito onde pisar. A visão turva são as histórias prejudiciais que contamos a nós mesmos, e a fumaça que enche nossos pulmões são todas as coisas que consumimos por acreditar que nos "completarão", o que não é verdade. Conseguimos ignorar os sinais de perigo e o chamado à responsabilidade. Abrimos mão da nossa liberdade e colocamos a vida em risco para desfrutar do calor do que é conhecido – nossas supostas obrigações e tarefas do dia a dia. Podemos não saber por que estamos em uma sala em chamas ou quem é o culpado, mas, em última análise, a única coisa que importa é o que fazemos nessa situação.

....

Pode ser difícil encontrar uma forma de aceitar a ideia de enfrentar uma ameaça tão clara e seguir vivendo como se não houvesse consequências. É difícil imaginar que alguém que está prestes a perder algo tão significativo quanto o próprio Eu* possa ignorar os sinais de alerta. Essa perda – esse perigo iminente – não é física, é existencial.

E é esse o perigo que a maioria de nós enfrenta como consequência das escolhas que fazemos no cotidiano.

Vamos passar um dia na vida de uma garota chamada Alex. Quando o despertador toca de manhã, a primeira coisa que ela faz é pegar o celular. Em poucos segundos, o dedo abre o primeiro aplicativo. À medida que a vista se ajusta ao brilho, ela aperta os olhos para conseguir focar na tela e verifica as mensagens, calculando silenciosamente quando responder ou curtir uma foto sem parecer muito ansiosa. Alex rola a tela sem pensar por uns dois minutos, ou 10, ou 25, computando, de forma consciente ou não,

---

* Ao longo de todo o livro, você vai perceber que às vezes "Eu" aparece em letra maiúscula e outras vezes não. Sempre que estiver em maiúscula, significa nosso ser autêntico; em minúscula, é a versão não autêntica ou perdida de quem somos. Em nome da consistência (e porque é possível vivenciar a perda de si mesmo sem nunca ter conhecido seu Eu verdadeiro), a "perda de si mesmo" está sempre em minúsculas.

a vida, o corpo ou o sucesso de outras pessoas, acrescentando novas inseguranças, comparações ou expectativas aos recônditos de sua mente. Em certo momento, ela se apressa pelo apartamento para se arrumar (para os outros) e, quando dá tempo, faz alguma coisa para si mesma – *café*. Sempre. Alex bota para dentro de um gole só enquanto entra na primeira reunião on-line ou sai correndo para pegar o trem, se esquecendo completamente de tomar café da manhã, beber água... ou respirar fundo.

No trabalho, ela se força a abrir um sorriso ao cumprimentar pessoas desagradáveis, grosseiras ou ruins no que fazem. Alex vive de acordo com sua agenda on-line, que dita com quem e quando falar e quais tarefas ela precisa realizar. Ela costuma verificar o e-mail durante reuniões longas, prestando pouquíssima atenção em ambos. Se ela está irritada, envia uma mensagem inbox sarcástica para um colega na própria videochamada – esperando para ver se ele sorri de volta. No almoço, ela pega um refil de cafeína e come alguma coisa, sem parar para desfrutar do sabor. Tira uma foto da roupa que está usando ou da vista da mesa de trabalho – comentando sobre o tempo, reclamando do volume de tarefas ou fazendo uma piada autodepreciativa. A cada dois ou três minutos, verifica quem viu seus *stories* e dá uma olhada neles – as fotos tendem a retratar uma vida melhor do que a realidade, e olhar para elas ajuda Alex a sentir que está vivendo muito mais do que de fato vive.

Depois do trabalho, ela pedala na bicicleta ergométrica, não porque se preocupa com a saúde, mas porque odeia o próprio corpo. Então encontra os amigos ou assiste à Netflix no sofá, tentando esquecer como se sente esgotada, chateada, entediada ou insatisfeita enquanto passa a maior parte do tempo checando o celular, imaginando se aquela pessoa com quem está saindo vai responder à mensagem que ela mandou. Em dado momento, ela vai para a cama e olha para a tela até as pálpebras ficarem pesadas.

Alex se acostumou (pode-se dizer até que se sentiu confortável) a viver na sala em chamas.

E, a cada dia, ela afunda mais na perda de si mesma.

Alguma parte disso lhe soou familiar?

A expressão "perda de si mesmo" soa quase como se pudéssemos perder nossa essência assim como perdemos a chave do carro ou um carregador de celular. Ainda que essa explicação seja tentadora, é impreciso comparar a perda de si mesmo com a perda de uma *coisa* ou de *outra pessoa*. Resumindo: **a perda de si mesmo é estar distante e não ter congruência, ressonância e aliança com quem verdadeiramente somos.** É a sensação de ser incoerente e falso – de ver suas ações, seus sentimentos e decisões não mais representarem o modo como você se entende e vivencia quem é "de verdade".

A realidade lamentável é que muitos de nós seguem a vida sem se incomodar com o fato de *não saberem quem são*. Como terapeuta existencial, entendi que o sentido humano do Eu é a base do bem-estar, dos relacionamentos e da realização. A perda de si mesmo, por outro lado, é muitas vezes o motivo pelo qual deixamos de estabelecer e expressar limites, nos apegamos a crenças que já não nos servem, temos problemas nos relacionamentos, ficamos sobrecarregados ou com medo de tomar decisões, sentimos *tanta* dificuldade de amar a nós mesmos e, por fim, não conseguimos encontrar significado e propósito na vida.

Se você está lendo isto, provavelmente passa grande parte do seu tempo como um morto-vivo, apenas em parte consciente, vibrante ou livre. Esse estado de existência é tão comum que, a esta altura, eu ousaria dizer que a perda de si mesmo se tornou parte da condição humana. Não é patológica nem um diagnóstico (embora possa acompanhar outros problemas de saúde mental). É algo que muitos de nós enfrentam e é o *principal* obstáculo que impede a autenticidade, a realização e a conexão significativa com os outros.

O ponto crucial da perda de si mesmo é que ela não nos permite existir – pelo menos não de verdade. Não de uma forma gratificante ou, talvez, que valha todo o esforço.

Na maioria das vezes, a perda de si mesmo é o resultado do modo como conduzimos nossa vida aparentemente rotineira e, às vezes, monótona. Ela se manifesta nas nossas escolhas e ações diárias, nos levando – com frequência de forma sutil – a um ponto em que já não reconhecemos nem nos conectamos com nosso Eu. Essa perda dá a sensação de estarmos afastados, ou até desligados, dos sentimentos, do corpo, dos pensamentos, das crenças, dos relacionamentos, do significado, da liberdade e dos valores. A desconexão torna impossível agir com coerência e consistência (porque, afinal, você seria coerente com o quê?). E, depois de um tempo, essa dissonância cria uma silenciosa e assustadora sensação de vazio, fragmentação ou incongruência que ignoramos e negamos enquanto somos capazes de aguentá-la.

Søren Kierkegaard, um filósofo dinamarquês, disse certa vez que a perda de si mesmo "causa pouca agitação no mundo; pois, no mundo, um eu é o que menos se pede e é a coisa mais perigosa que se pode demonstrar ter. O maior perigo de todos, o de se perder de si mesmo, pode ocorrer muito calmamente no mundo, como se não fosse nada; qualquer outra perda – um braço, uma perna, 5 dólares, uma esposa, etc. – seria certamente notada".[2]

O paradoxo dessa perda é que, apesar de muitas vezes passar despercebida, ainda assim envolve a nossa vontade. Ou seja, em última análise, ela acontece porque *permitimos*. Não perdemos nosso Eu sem nosso consentimento ou nossa participação. *Pode não ser escolha nossa estar em uma sala em chamas, mas a inação, a negligência em apagar o fogo, também é uma decisão.* Pode ser por falta de consciência, por um ambiente ou relacionamento particularmente prejudicial ou por uma ferida antiga. No entanto, na maioria das vezes, a perda de si mesmo – a completa desconexão de quem somos – acontece por meio de um processo de autoengano. A ameaça é tão grande que a única maneira de enfrentá-la – além de realmente fazer alguma coisa a respeito dela – é mentir para nós mesmos e negar que nos sentimos vazios, incompletos e confusos. A vida se tornou uma colcha de retalhos dos nossos esforços equivocados para preencher o vazio com relacionamentos, empregos, bens materiais ou, às vezes, até mesmo filhos. Qualquer coisa que possa nos ajudar a fingir mais um pouquinho que não há nada de errado na nossa vida. Continuamos ignorando nosso passado, nossas sombras, nossas feridas e depois nos perguntamos por que tomamos decisões que não nos beneficiam.

Nossa propensão ao autoengano – a esconder a verdade de nós mesmos e ver apenas o que queremos, apesar das provas em contrário – não é uma simples característica individual, mas uma abordagem do Eu que está integrada à sociedade como um todo. Nossa sociedade *normalizou* o fato de sermos algo diferente do nosso Eu, e, para ser sincera, a maioria de nós nem sabe que existe um caminho alternativo. Fomos ensinados a inventar, fingir, adaptar e editar quem somos, em uma tentativa de garantir "pertencimento" ou "reconhecimento", como se esses ganhos externos compensassem o vazio interior.

Alguns de nós sabiam quem eram e se perderam. Outros nunca conheceram seu verdadeiro Eu. Crescemos, envelhecemos, os papéis e as funções mudaram, mas nunca compreendemos a nossa *essência* (a particularidade intrínseca que nos leva a ser quem somos, um conceito que vou explorar em mais detalhes no próximo capítulo). Nós nos tornamos muitas coisas – profissionais, companheiros, mentores, pais, amigos –, mas nunca fomos o nosso Eu de verdade. Nunca assumimos por completo a responsabilidade pelo tempo precioso e limitado que nos foi dado. Antes mesmo de percebermos, uma profunda sensação de desorientação tornou difícil até sabermos por onde começar. **A perda de si mesmo, na sua função mais básica, restringe nossa capacidade de *ser* o nosso Eu.** É uma das experiências mais dolorosas do ser humano – um sofrimento invisível que afeta *todos* os aspectos da vida. Como não conhecemos a nós mesmos,

Nós nos autossabotamos e nos machucamos sem intenção.

Nós temos dificuldade de identificar e verbalizar nossos sentimentos, pensamentos e necessidades.

Nós nos vemos levando uma vida que não queremos ou não consideramos gratificante.

Nós priorizamos os outros em detrimento de nós mesmos.

Nós permanecemos em relacionamentos nos quais não deveríamos estar.

Nós repetimos ciclos de padrões prejudiciais.

Nós somos incapazes de identificar nosso propósito ou nossa direção na vida.

Não conseguimos estabelecer e manter limites.

Nós somos confrontados com um sentimento profundo de infelicidade.

Nós temos problemas de autoestima.

Nós estamos constantemente sobrecarregados ou decepcionados com a vida.

Por último, achamos difícil descobrir, aceitar e confiar de verdade em quem somos.

COMO A PERDA DE SI MESMO SE MANIFESTA?

Por muito tempo, não lidei com a perda de mim mesma, principalmente porque não sabia que estava perdida. Um dos motivos pelos quais é desafiador identificar a perda de si mesmo – além da nossa ignorância voluntária ou involuntária – é que, para muitos de nós, ela está profundamente interligada com a experiência de ser humano.

Vivenciei a perda de mim mesma em todos os aspectos da minha vida:

Abafei minhas emoções até que elas me dominaram.

Ignorei e não entendi direito os sinais que meu corpo estava enviando, até que ele me forçou a ouvir.

Eu tinha o péssimo hábito de forçar os relacionamentos a funcionarem porque não sabia quem eu era se não os tivesse.

Passei grande parte da minha vida aceitando cegamente um sistema de crenças que guiava meus princípios morais. A questão não era a visão de mundo em si, mas minha falta de arbítrio e de sintonia com minhas necessidades e meus desejos.

E, por último, embora eu parecesse uma daquelas pessoas chatas e sempre responsáveis, eu era irresponsavelmente irresponsável com minha própria existência. Vivia como se tivesse tempo de sobra e não fosse sentir as consequências das minhas ações. Eu tentava me enganar pensando que estar insatisfeita, triste e confusa era o jeito como deveria levar a vida.

Eu queria ter conseguido reconhecer essa perda antes, mas isso teria exigido saber o que procurar – e eu não sabia. Então vou ajudar você a ter uma noção melhor de como a perda de si mesmo costuma se manifestar, *de forma holística*. Vamos observar cinco grandes categorias:

1. Emoções

   Indivíduos que vivenciam a perda de si mesmos muitas vezes têm dificuldade para regular as próprias emoções, se acalmar ou se conectar emocionalmente – não há uma base interior. Como consequência, eles começam a lidar com a situação por meio de mecanismos de evitação, supressão ou escapismo.

   Alguns mecanismos de enfrentamento são mais óbvios – como ficar bêbado ou maratonar programas de TV. Outros são difíceis de detectar porque, à primeira vista, podem parecer comportamentos admiráveis. Por exemplo, muitas pessoas se mantêm *ocupadas* ou buscam realizações (as medalhas de honra da sociedade). Sempre ficamos impressionados com esses indivíduos em vez de nos preocuparmos com eles (o que, às vezes, seria uma reação mais adequada). Eles passam a vida conseguindo abafar essa perda ao entorpecer os sentimentos ou se desligar deles, mantendo-se ocupados demais para sentir a dor.

   O impacto emocional da perda de si mesmo é muitas vezes encontrado nos extremos.

   Alguns indivíduos ficam irritados com pessoas que demonstram muitas emoções (ou, para ser mais precisa, são afetados por elas). Eles sentem pena dos outros por sua "falta de controle" e se parabenizam por serem contidos a ponto de não sentirem nada. Consideram superior sua abordagem da vida e não abrem espaço para que os outros expressem suas emoções. Eu era assim.

   Por outro lado, há quem descreva a perda de si mesmo como uma sensação constante de ser dominado pelos sentimentos (sem saber o que fazer com eles). Essas pessoas permitem que as emoções guiem suas ações e esperam ajuda para lidar com elas, enquanto lutam para entender o que significam ou tentam comunicar. Por exemplo, puérperas quebram objetos ou socam paredes. A imposição e a violação do Eu que podem advir da maternidade às vezes se traduzem em uma raiva avassaladora e em automutilação. Sim, pode ser um sintoma de raiva pós-parto, mas também pode ser uma consequência da dissolução do Eu em meio às infinitas demandas que surgiram repentinamente.

2. O corpo

Não podemos separar nosso corpo de quem somos. Portanto, não é surpresa que, quando vivenciamos a perda de nós mesmos, seja mais difícil sentir alinhamento e congruência – isto é, fica difícil estabelecer acordo, harmonia e compatibilidade com sexo, comida, movimento (exercício físico) e nosso Eu. Muitas vezes interpretamos mal nossos desejos, necessidades físicas, preferências ou experiências. Estamos mais propensos a usar nosso corpo como uma ferramenta do que como uma forma de expressão ou extensão de quem somos.

Muitas pessoas têm expectativas exageradas em relação ao corpo, ao mesmo tempo que prestam pouquíssima atenção nele (uma receita para um relacionamento prejudicial). Praticamos exercícios em excesso, não regulamos o estresse, criticamos certas partes do corpo (coxas, barriga, pescoço), não dormimos o suficiente, nos hidratamos com café em vez de com água, ignoramos sinais de mal-estar ou angústia, fazemos sexo de um jeito que não queremos, seguramos o choro e usamos o corpo como isca ou troféu em vez de encará-lo como uma entidade viva e em transformação. Tudo isso ocorre porque a maioria de nós não entende o corpo como parte de nosso Eu *central*.

3. Relacionamentos

A relação que temos com o nosso Eu é refletida nos tipos de relacionamentos que temos. Pessoas que vivenciam a perda de si mesmas estão mais propensas a entrar e permanecer em relacionamentos 1) nada saudáveis, 2) unilaterais, 3) insatisfatórios ou 4) todas as opções anteriores. Por quê? Porque a perda de si mesmo é muitas vezes acompanhada da nossa incapacidade ou falta de vontade de discernir quais relacionamentos se alinham com o que sentimos, com aquilo de que precisamos e com quem verdadeiramente somos. Quando não nos compreendemos, é mais provável escolhermos um relacionamento como resposta a nossas feridas e inseguranças ou a um comportamento aprendido.

A perda de si mesmo com frequência rouba nosso amor-próprio, o que nos leva a tentar recuperar nosso valor por meio da validação externa. Muitos de nós precisam se esforçar para que os relacionamentos funcionem, seja se convencendo de que aquilo que nosso parceiro quer é o que *nós* queremos, de que a forma como eles nos tratam é "normal" ou – minha desculpa preferida – de que "ninguém é perfeito", ou justificando comportamentos repetidamente ruins. Essa mentalidade pode conduzir a muitas dinâmicas insatisfatórias ou dolorosas (*para dizer o mínimo*), além de aumentar a sensação de perda ao não conceder espaço ou permissão para sermos nosso Eu. Muitos acabam perdendo sua identidade fora de um relacionamento. Se você já se sentiu preso a alguém, talvez isso se deva ao fato de você não saber ao certo quem era sem essa pessoa.

4. Consentimento interior[3,4,5]

A perda de si mesmo pode levar à falta de consentimento interior. "Consentimento interior" é um termo da análise existencial, uma forma sofisticada de dizer *concordância* ou *permissão* em relação à forma como escolhemos usar nosso livre-arbítrio e viver a vida. Quando experimentamos essa perda, não participamos da vida com intenção ou discernimento. Como resultado, temos dificuldade de defender ou aceitar não apenas as nossas circunstâncias, consequências ou responsabilidades mas também quem somos.

O consentimento interior é a nossa disposição para dizer *sim* à vida – dizer *sim* aos nossos pensamentos, valores, emoções, quem somos, o que é importante para nós, nossas convicções, nossa singularidade, nossa postura, nosso propósito. É a prática de sintonizar e avaliar se algo se alinha ou está em harmonia com quem entendemos ser o nosso Eu.

Quando você se olha no espelho, consegue apoiar (e defender) a pessoa que o encara, assim como seu comportamento? Consegue se sentir em paz com suas ações, mesmo que os outros não gostem delas? Você está vivendo a sua verdade? Você se sente inspirado pela vida que leva?

O consentimento interior é uma prática necessária e que deve ser contínua porque a nossa existência é um acúmulo de eventos. Não é suficiente dar o nosso consentimento apenas a algumas decisões ou alguns acontecimentos cruciais. Quando não consentimos a vida de forma gradual, pode ser mais difícil consentir a vida que vivemos como um todo. Quando damos nosso consentimento interior, a vida deixa de ser uma sucessão de coisas que acontecem *conosco*. Em vez disso, ela se torna algo *para* nós, algo que podemos moldar como quisermos.

O consentimento interior é uma postura de *poder*.

Às vezes, dizer *sim* significa dizer *não*. Vou explicar. Às vezes, para dizer *sim* a valores, crenças, desejos, pensamentos ou sentimentos, precisamos dizer *não* a certos convites, pessoas, empregos, relacionamentos, opiniões e visões de mundo. Dizer *sim* à vida é dizer *sim* à responsabilidade pela forma como existimos, não concordar em fazer tudo o que nos é oferecido ou pedido.

O consentimento interior não é apenas pensado, ele é sentido. É uma sensação profunda de ressonância, um sentimento de "adequação". É uma experiência afirmativa que permite nos mostrarmos por completo, defendendo nossa posição e expressando nosso Eu. É um sentimento de total concordância com nossas ações e com quem percebemos ser nosso Eu. Não há consentimento interior sem uma ideia clara de quem somos. E, sem consentimento interior, não há autenticidade ou realização.

5. Sentido e moralidade

O sentido é a *razão* pela qual escolhemos viver, enquanto a moralidade dita a *maneira* como escolhemos viver. O sentido e a moralidade são a direção – ou a orientação – para a qual apontamos nossa existência. A perda de si mesmo não é o simples resultado de ação ou inação; às vezes, é a consequência de seguirmos na direção errada. O impacto da perda de si mesmo se manifesta como uma ambiguidade de valores, princípios ou condutas éticas; até falta de sentido. Muitas vezes temos dificuldade de discernir aquilo em que acreditamos ou por quê, ou como nos relacionarmos de forma decidida com o mundo à nossa volta.

Enquanto crescemos, somos ensinados que o sentido tem a ver com a nossa contribuição para o mundo. Embora muitas pessoas considerem isso gratificante, essa definição se concentra apenas no sentido como consequência do nosso *resultado* ou da nossa "utilidade". Essa narrativa pode nos fazer esquecer que nós (sim, você – exatamente como você é neste momento) temos um sentido. Ponto--final. Temos sentido dentro do nosso Eu: temos o poder de criar sentido a partir da forma como nos envolvemos com o mundo e o compreendemos, não apenas pela maneira como contribuímos com ele. É importante aprender que podemos encontrar sentido em uma conversa, em uma galeria de arte ou simplesmente observando as ondas baterem em uma pedra.

Quanto à moralidade, indivíduos que cresceram obedecendo a um conjunto de regras (valores morais) muitas vezes se sentem perdidos quando mudam, questionam ou se distanciam desse sistema de crenças. Muitos dos meus pacientes aprenderam a virtude da obediência, mas a maioria não conseguia – ou não tinha permissão para – pensar por conta própria. A falta de questionamento e reflexão pode se traduzir em uma obediência cega, que não leva em conta o consentimento interior, a sintonia ou o alinhamento. Valores morais predefinidos ditavam as ações dessas pessoas, fornecendo uma espécie de gabarito e moldando quem elas são – e, em alguns casos, quem elas são se perdeu.

AS COISAS MELHORAM

Ninguém pretende perder o próprio Eu, mas, em certo momento, essa intenção se torna irrelevante. Não em termos de responsabilidade, mas em termos de consequências. Se alguém colocar fogo na sua casa – por acidente ou de propósito –, a realidade é que há um incêndio com o qual você precisa lidar. Mais adiante, vamos explorar quem ou o que pode ter acendido a chama que corroeu o seu Eu, mas lembre-se de que a origem da faísca *nunca* será tão importante quanto o que você decide fazer a respeito do incêndio. Não é realista termos a expectativa de sermos totalmente autênticos e alinhados em todos os momentos da vida, mas *não podemos* parar de tentar. Temos a *responsabilidade* de sermos nós mesmos – e, não se esqueça, de nos acolhermos enquanto continuamos tentando.

Precisamos parar de normalizar as experiências dolorosas de perda de nós mesmos. Embora seja comum, essa não é uma condição com a qual vale a pena se contentar. Quando perdemos o nosso Eu, ficamos com uma vida que apenas suportamos, desempenhando nosso papel. Merecemos mais e podemos ter mais.

É fácil transformar em doença qualquer experiência humana que envolva sofrimento, mas não devemos descartar o papel que a dor pode desempenhar na nossa vida. Não estou sugerindo que devemos procurar a dor, mas que podemos obter informações quando ela surge (e ela vai surgir). É útil entender nosso sofrimento como um sinal e um mensageiro.

A dor que você sente quando o fogo toca sua pele é o impulso que move sua mão, protegendo-o de se queimar. Essa lógica também vale para a dor da perda de si mesmo. Ela sinaliza que algo não está certo, e é esse sinal que pode motivar você a mudar de vida.

Sempre digo aos meus pacientes que, durante o processo de cura, as coisas muitas vezes pioram antes de melhorar. No começo, quanto mais consciência tomamos, mais dor sentimos. Pode ser difícil encarar o fato de que nossos pais fracassaram, que nos feriram de alguma forma ou que foram o motivo pelo qual nosso último relacionamento deu errado. Mas tenho uma boa notícia: a perda de si mesmo não é apenas um mergulho na escuridão; também pode servir como uma reorientação. É um espaço para reparação (oferecendo reconciliação e perdão para nós mesmos), transformação e, em última instância, uma oportunidade de *criar* completude. A perda de si mesmo pode se tornar uma oportunidade para a ação e a liberdade. Assim como o fogo, a experiência carrega tanto a destruição quanto o poder gerador, moldando e abrindo caminhos na nossa existência.

Perder-se é um estado lindo em que você pode se sentir sem restrições ou inibições na sua jornada para explorar novos significados, ideias, pessoas e coisas. Perder-se pode marcar o início do seu Eu.

Com o tempo, percebi que a transformação que resulta da escolha de *ver*, entender e *ser* quem somos é incomparável. Ser quem somos é uma experiência única, em tempo real e em constante evolução, que não pode ser compartilhada. A pergunta "Quem sou eu?" precisa ser respondida no *presente* – e muda a cada decisão e cada exercício da nossa liberdade humana. É importante perceber que nosso trabalho *não* é voltar no tempo e tentar "encontrar" quem éramos.

O Eu é como uma pintura. Cada momento e cada interação acrescentam tinta à nossa tela. As camadas anteriores contribuem para o quadro atual, mas a cada pincelada a pintura se transforma e se aproxima mais do que ela realmente é. A pintura nunca volta a ser o que já foi um dia. Seu caminho segue apenas para a frente. Cada aspecto da sua vida – cada fracasso, cada mudança, cada perda, cada momento de desespero ou de alegria – está relacionado a quem você é e à vida que você leva no presente.

Acertar as contas com a perda de si mesmo é uma jornada longa e obscura. Eu estou aqui para ajudar você. O primeiro passo é reconhecer essa perda. É normal se sentir sobrecarregado à medida que você tenta olhar para o seu Eu – isto é, *olhar* de verdade para dentro do seu Eu. É normal se sentir exausto ou desanimado enquanto se esforça para viver de forma intencional:

Todo. Santo. Dia. É normal desabar com o fardo da responsabilidade que surge quando você reconhece sua liberdade para moldar e *ser* quem você é.

A recompensa vale, e muito, o esforço, eu garanto.

A recompensa é *você*. O você de verdade que vive uma vida autêntica, livre e cheia de significado. Observe que isso *não* significa uma vida fácil, agradável ou perfeita, mas uma vida em que você experimenta de verdade cada aspecto de estar vivo, em que participa por inteiro, em que sente tudo – tanto os momentos excruciantes quanto os sublimes. Uma vida em que você cai com erros e levanta com lições. Uma vida em que você incorpora plenamente quem você é.

A DURA VERDADE

Quem você é neste momento é quem você realmente é –
seja em um avião, na mesa da cozinha ou na cama. Se não
gosta dessa pessoa, você é quem deve mudar isso.

LEMBRETE AMIGÁVEL

Nunca é tarde demais para ser você.

CAPÍTULO 2

O que é o Eu?

É incrivelmente difícil, talvez até impossível, discutir a perda de si mesmo sem entender o conceito do Eu. Afinal, *quem* se perdeu? *Quem* estamos procurando? Todos nós já exploramos a ideia do "Eu" em certo nível. Alguns apenas questionaram quem são (mesmo que só por um momento, após o fim de um relacionamento, uma morte ou outro grande acontecimento da vida); outros tiveram uma imensa crise de identidade.

A pergunta "Quem sou eu?" é universal; reflete uma necessidade inata de compreender nosso Eu. Ainda que seja essencial para nossa existência, nós costumamos fazê-la apenas quando nos deparamos com desafios, transições, desespero, incerteza ou perda de si mesmo. A verdade é que a maioria das pessoas não se preocupa em fazer essa investigação até que sejam forçadas.

Embora a conduta "óbvia" e socialmente promovida para a perda de si mesmo seja a de autodescoberta, o que isso significa de fato? Muitas vezes, a "autodescoberta" pode ser entendida de duas formas:

1. "Encontrar" o que ou quem perdemos. Procurar algo que já existe (um Eu que é formado fora da nossa consciência ou das nossas ações no presente). Encontrar um Eu que "somos destinados" a ser.
2. Descobrir o Eu *sendo* ou *criando* quem somos.

Essa dicotomia de pensamento não é nova, e a maneira como entendemos o conceito de autodescoberta depende das nossas crenças sobre o Eu.

Essa questão do Eu remonta aos pais da filosofia moderna, Aristóteles e Platão, que sugeriram que cada pessoa tem uma essência inerente – certo conjunto de propriedades centrais que são necessárias, ou *essenciais*, para que uma coisa seja o que é. Quando determinada propriedade está ausente, é aí que a essência muda e se torna outra coisa. Assim como uma faca deixa de ser uma faca se não tiver uma lâmina, deixamos de ser nosso Eu quando não apresentamos certas propriedades. De acordo com esses filósofos pioneiros, o "essencialismo" significa que nossa tarefa humana é incorporar uma essência que nos foi *dada*. Eles acreditavam que nascemos para ser determinada coisa, e que podemos ter sucesso ou fracassar nessa empreitada. A maioria tem essa compreensão específica do Eu sem saber que ela vem do essencialismo. E, se observamos bem de perto, percebemos que outros pensam assim – criadores de conteúdo, figuras públicas, até amigos e familiares. O essencialismo não morreu com os primeiros filósofos.

Em resposta ao essencialismo – à medida que os diálogos filosóficos continuaram –, surgiu o existencialismo. O existencialismo costuma ser definido como a teoria ou abordagem que enfatiza a existência de um indivíduo como um agente *livre* e *responsável* que determina o próprio desenvolvimento por meio de atos voluntários (em vez de depender de uma essência predeterminada). Jean-Paul Sartre, a figura mais famosa do existencialismo moderno, propôs que primeiro existimos e *depois* descobrimos nossa essência (um ponto de vista em oposição direta ao essencialismo). Nascemos e, então, determinamos quem somos pelo modo como *escolhemos* viver. Sartre acreditava que qualquer essência percebida foi criada por nós, não "dada".

Como sou uma psicoterapeuta existencial, é provável que

você não se surpreenda quando eu disser que vou usar o existencialismo para tentar responder a estas duas perguntas:

1. O que é o *Eu*?
2. Como podemos compreendê-lo?

Para tornar suportável este diálogo filosófico complexo, tentei ao máximo dar uma versão resumida do Eu em vez de cansar você com séculos de teoria (de nada!).

O que adoro na abordagem existencial é que ela é cheia de protagonismo, escolhas e ação. Søren Kierkegaard – considerado o primeiro filósofo existencial – disse que "o eu é uma relação que se relaciona consigo mesma".[6] (Se você não entendeu nada, aguente firme, eu juro que isso significa alguma coisa!) O Eu é definido pela maneira como ele se *expressa*.[7] A autoexpressão é como o Eu se manifesta no mundo e, por consequência, constrói a identidade de um indivíduo ao longo do tempo. Nossa compreensão de quem somos guia nossas ações, e nossas ações guiam como enxergamos nosso Eu – em outras palavras, *o Eu não pode ser independente da sua expressão.*

Gostaria de usar o filme *Noiva em fuga*,[8] com Julia Roberts, para ilustrar como nossas ações são indissociáveis do nosso senso do Eu (quem disse que princípios filosóficos não podem ser demonstrados em comédias românticas?!). A personagem de Julia, Maggie, sempre "gostou" e comeu ovos preparados do jeito que seus vários parceiros gostam. Há uma cena em que seu interesse romântico, Ike (um repórter que escrevia uma matéria sobre os muitos relacionamentos fracassados da protagonista, interpretado por Richard Gere), diz a ela:

IKE: Você está tão perdida que nem sabe como prefere seus ovos...

MAGGIE: Isso se chama mudar de ideia.

IKE: Isso se chama não ter ideia própria!

Então, em uma reviravolta, Maggie prepara um monte de ovos, de diversos jeitos, para poder provar e decidir qual prefere. Ela enfim chegou ao ponto em que deseja explorar sua noção do Eu, incluindo o que *realmente* gosta. É uma cena simples, mas marcante. Mostra que somos de fato livres e responsáveis por descobrir quem somos, e que às vezes isso significa voltar ao mais básico e usar nossa autonomia para identificar, por tentativa e erro, de que jeito gostamos dos ovos metafóricos, para que possamos degustá-los com verdadeiro consentimento interior.

Os pequenos passos são tão importantes quanto os grandes saltos. Afinal, se nossas ações não forem coerentes, nosso senso do Eu parecerá fragmentado ou continuará indefinido. É difícil saber quem somos quando nossos comportamentos são contraditórios, descompassados ou inconsistentes. É como entrar em uma sala com luzes estroboscópicas, só conseguindo captar vislumbres da cena enquanto andamos pelo ambiente. Em momento algum você obtém um quadro coeso, completo ou até preciso da aparência da sala. É assim que nossas ações – grandes ou pequenas – podem nos desorientar.

Encontramos nosso Eu de forma mais completa quando fazemos atividades ou vivenciamos coisas como amor, arte, nossos corpos, beleza, natureza e comida. Alcançamos intimidade com nosso Eu por meio da proximidade ou da unidade que temos com a experiência em si. O Eu (proximidade ou intimidade consigo mesmo) não é alcançado por meio do isolamento do mundo, mas ao prová-lo metaforicamente, ao *existir* nele.

É DIFÍCIL SER HUMANO

Os humanos não apenas recebem a tarefa existencial de criar quem são como também, de acordo com Sartre, essa incumbência é acompanhada pelo "absurdo da liberdade"[9] de realizá-la.* Embora a **liberdade** seja algo que, presumidamente, todos queremos, precisamos ter consciência de que ela exige **escolhas**, que, por sua vez, exigem **responsabilidade**. **Nosso grau de liberdade sempre corresponde ao nosso grau de responsabilidade.**

Resumindo, quando somos livres, o que escolhemos fazer (ou não) com essa liberdade cabe a nós mesmos. E, felizmente (ou infelizmente), somos sempre livres.** Para usar as palavras de Sartre, "ser livre é estar *condenado* a ser livre"[10]. Ele não estava sendo dramático; estava apenas explicando que estamos "condenados" porque não há como escapar da liberdade. O que significa que não há como escapar da responsabilidade pelas coisas que fazemos, dizemos ou escolhemos.

A fadiga de decisão existe, e buscamos pausas sem nem perceber. Quantas vezes deixamos que outra pessoa decida onde vamos jantar, a qual filme vamos assistir, se devemos terminar um relacionamento, postar aquela foto no Instagram, entrar naquela aula de cerâmica ou enfrentar nosso chefe? Muitas vezes pedimos a opinião dos outros antes mesmo de pensar por algum tempo para descobrir a nossa. Sim, tudo bem pedir conselhos, mas é bem

---

* Sartre considerava a existência absurda (sem sentido, valor ou significado inerentes). Em outras palavras, ele acreditava que somos deixados à própria sorte, portanto cabe a nós criar nosso senso do Eu *e* sentido na vida.

** Sei que posso ter acionado gatilhos para muita gente com essa afirmação, então me permita esclarecer: estou sugerindo que somos livres *dentro dos parâmetros do nosso contexto* e do que fizeram conosco. Adiante falarei sobre isso, prometo.

comum não estarmos procurando outra perspectiva ou sabedoria, mas um alívio do fardo de tomar decisões. Ninguém tem culpa! Tomar decisões é exaustivo, em especial se considerarmos a vastidão de escolhas que temos o privilégio de ter. Junto de nossa fraca ou inexistente compreensão do Eu, discernir a coisa "certa" a fazer pode nos deixar sobrecarregados. Isso pesa ainda mais quando nos damos conta do significado de toda e qualquer decisão.

Ao longo dos anos, tive muitas conversas mais ou menos assim com pacientes:

EU: Certo, me parece que você está consciente das mudanças que quer fazer. Mas de onde acha que está vindo a resistência?

PACIENTE: Tenho medo da mudança.

EU: Ah, faz sentido. Por que a mudança é tão assustadora para você?

PACIENTE: Porque... E se eu fizer a escolha errada e acabar infeliz?

EU: Você está feliz agora?

PACIENTE: Não.

EU: Então qual é a diferença?

PACIENTE: Se eu fizer uma mudança, minha infelicidade vai ser culpa minha. Agora a culpa é do contexto, a consequência de como a vida se desenrolou.

EU: Hum. Para mim, na verdade, parece que você está com medo da responsabilidade, não da mudança.

PACIENTE: Só não quero sentir culpa pela minha desgraça.

EU: Infelizmente, a inércia (falta de mudança) também é uma decisão. Mesmo que você continue exatamente como está agora, a responsabilidade ainda é sua.

A maioria de nós não quer ser responsável por não ter a vida que deseja ou por não ser a pessoa de que gosta. Em vez disso, evitamos a responsabilidade ao renunciar à liberdade. Se pudermos culpar outra pessoa por nossas ações, decisões, postura ou mau senso de identidade, é provável que o façamos (a não ser que você seja viciado em agradar aos outros; neste caso, você assume *muito* mais responsabilidade do que deveria... o que, ironicamente, também é uma forma de fugir da responsabilidade pelo seu Eu). Infelizmente, se precisarmos de provas de que os seres humanos gostam de evitar a responsabilidade, é só observarmos a sociedade como um todo.

Nossa fuga coletiva da responsabilidade causou e perpetuou questões como aquecimento global, pobreza, sexismo e racismo (apenas para dar alguns exemplos). Além disso, ainda que seja algo difícil de ouvir, essa falta de responsabilização afetou nossas conversas atuais sobre saúde mental. Somos levados a rotular como "tóxicas" ou "narcisistas" todas as pessoas com quem não nos damos bem e começamos a usar erroneamente o termo "trauma" como uma expressão genérica para qualquer inconveniente que agora acreditamos *justificar* comportamentos irresponsáveis – o que é muito injusto com todos aqueles que passaram por traumas de verdade.

Sartre acreditava que terceirizamos nossa liberdade ao buscar estrutura e orientação de instituições, família, círculos sociais ou religião – de qualquer um ou qualquer coisa – que nos digam quem somos ou quem deveríamos ser. Para Sartre, confiar em sugestões ou estruturas externas para saber quem somos é uma forma de autoengano (ou o que ele chamava de "má-fé"[11]). Quando nos enganamos, começamos a acreditar ou a nos tratar como se fôssemos X (o que quer que tenham nos *dito* para ser ou que achemos que precisamos ser) enquanto, lá no fundo, uma pequena parte de nós sabe que somos Y.

Você pode preencher as lacunas por conta própria: o que é X e o que é Y no seu caso?

Para ilustrar esse argumento,[12] Sartre usava a analogia de um garçom francês que seguia tudo que um garçom "deveria ser", mas na verdade acabava imitando o estereótipo de um garçom – os movimentos e o comportamento exagerados demonstravam que ele estava *interpretando* um papel. Essa atuação tirou a identidade dele. Ele virou uma coisa, um objeto, não apenas no modo como os outros o enxergavam mas também na maneira como ele vivenciava seu Eu.

Você já sentiu que estava interpretando um papel ou fingindo ser seu Eu? Às vezes, quando tentamos fugir da dor do vazio, acabamos infligindo a nós mesmos a dor que vem de sermos algo que não somos.

Sartre afirmou que uma forma comum de "má-fé" é agir como se não tivéssemos a escolha de não sermos uma coisa específica – negar nossa liberdade de transformar nosso Eu em algo diferente se decidirmos mudar nossos comportamentos. Vejo isso na sociedade o tempo todo, quando tentamos erradicar nossa liberdade fingindo que ela nos foi tirada por um acontecimento do passado. Aqui está um exemplo: todo mundo conhece aquele sujeito – vamos chamá-lo de Brad – que foi traído, teve o coração partido no ensino médio ou cujos pais se divorciaram, e agora, já adulto, trata mal qualquer pessoa com quem namora. Minha pergunta é: depois de validar a dificuldade daquela situação, em que momento a dor dele deixa de justificar os danos que ele está causando? Em que ponto Brad precisa assumir a responsabilidade pelo próprio comportamento? Em que momento ele precisa encarar o fato de que suas escolhas não são mais uma representação da mágoa do passado, e sim de quem ele se tornou?

Brad não está sozinho. A verdade é que muitos de nós não sabem como lidar com a liberdade, então tentamos limitá-la ou fugir dela. Muitas vezes fazemos isso nos dobrando à sociedade ou nos colocando em posições que vêm com restrições e parâmetros, nos permitindo encontrar abrigo na tentativa de sermos quem os outros querem que sejamos. A maioria de nós se reconforta com certas expectativas, encontrando significado no esforço para corresponder a elas. Essa perspectiva não dá conta de todos os contextos ou situações, mas ainda assim vale a pergunta:

Estamos renunciando à nossa liberdade porque não queremos lidar com a responsabilidade de fazer escolhas? Estamos mais confortáveis com alguém nos dizendo quem somos em vez de tentarmos descobrir isso por conta própria?

Veja bem, eu entendo, a liberdade e a responsabilidade são constantes e um fardo. É exaustivo carregar esse peso.

Há, no entanto, uma *breve* trégua que todos obtemos da liberdade (quer dizer, não exatamente, mas, *por favor*, continue lendo). Kierkegaard sugeriu que o Eu tem dois polos opostos:[13] *necessidade* e *possibilidade*. Necessidades são determinadas características[14] concretas que *não podemos mudar e com as quais precisamos conviver*, como comer, nascer, morrer ou coisas que já aconteceram – o que nos foi "dado". O futuro, por outro lado, representa a possibilidade. Possibilidade é algo que *ainda não aconteceu*. É por isso que Kierkegaard dizia que não podemos olhar no espelho e concluir "Sim, aí estou eu",[15] porque parte de quem somos se materializa na possibilidade de tudo o que ainda não ocorreu. Nosso Eu é uma interseção entre a necessidade e a possibilidade; entre o passado e o futuro; entre o que somos agora e o que ainda vamos ser.

O motivo pelo qual os humanos podem ter simultaneamente necessidades e possibilidades é o fato de possuírem uma capacidade única de se distanciarem do que é "imposto" a eles e reconhecer a vasta gama de possibilidades para se autodefinirem no futuro. Temos a liberdade de interpretar e conferir significado às nossas limitações, mesmo que não possamos escapar delas. Por exemplo, não se pode escolher ser mais alto, ter um passado diferente, outros pais biológicos, outra etnia ou não desenvolver uma doença, mas se pode, sim, escolher qual significado dar a esses fatos. É verdade que podemos ter sido lançados ao mundo sem nosso consentimento, mas agora depende de nós decidir o que fazer a respeito disso. *Somos responsáveis por como encaramos cada dia – em cada escolha que fazemos – com a liberdade que nos resta.*

Viktor Frankl, psiquiatra austríaco e sobrevivente do Holocausto, muito conhecido pelo livro *Em busca de sentido*,* afirmou essa ideia ao dizer:

> Tudo pode ser tirado de um homem, exceto uma coisa: a última das liberdades humanas – *escolher* sua atitude em qualquer circunstância, escolher o próprio caminho.[16]

É possível dizer que Frankl não tinha qualquer liberdade básica enquanto vivia como prisioneiro em campos de concentração nazistas durante a Segunda Guerra Mundial. Ele não podia decidir quando acordar ou se deitar, o que comer ou vestir, onde morar ou trabalhar. Ele não podia aprender um novo idioma, ir ao médico ou abraçar a família. Não era livre para sair do perímetro do campo de concentração ou escolher se viveria ou morreria. Restou apenas sua última liberdade humana: criar significado. Mais impressionante que esse reconhecimento é o fato de que ele

---

* É importante observar que o trabalho de Frankl se estende para além desse livro. Ele desenvolveu uma modalidade psicoterapêutica – a logoterapia – que ainda é usada atualmente. Embora suas experiências terríveis e inimagináveis sejam muito diferentes das dores e das dificuldades da maioria das pessoas no mundo de hoje, seus ensinamentos se destinam a uma vasta gama de contextos e desafios e lidam com mais do que o sofrimento extremo.

a *usou*. Usou a liberdade de escolher a própria conduta, o próprio significado e como ia encarar aquela existência limitada.

Então qual é a sua desculpa?

Lembre-se de que ter liberdade não quer dizer que não temos limitações, mas que temos determinada relação com o que nos foi imposto. Sartre dizia: "Liberdade é o que fazemos com o que é feito conosco."[17] E Frankl resumiu perfeitamente essa relação: "Não é a liberdade das condições, mas *é* a liberdade de se posicionar em relação às condições."[18] Essa posição é tão firme quanto a de Sartre – ele não nos chama de condenados, mas afirma que os seres humanos *são sempre livres* (mesmo que a liberdade pareça diferente em cada circunstância).

Martin Heidegger,[19] filósofo alemão que é tido como um dos mais importantes do século XX, sugeriu algo parecido: que o *Eu* (o que ele chamava de *Dasein*, que se traduz como "estar lá") é uma dinâmica entre quem somos neste exato momento e quem podemos ser e seremos com o passar do tempo. Analisamos constantemente o que ocorreu e o que ainda não ocorreu e todas as possibilidades que restam. Pode-se dizer que *somos* tudo que aconteceu e tudo que vai acontecer. Há algo de libertador em saber que existe sempre *mais* do que vamos nos tornar. Enquanto estivermos vivos, nunca vamos parar de nos transformar; nunca vamos deixar de ter a capacidade de criar nosso Eu. Isso dá uma perspectiva útil ao que nos é "imposto". Nosso passado, ainda que doloroso, nunca pode nos definir totalmente, porque não leva em conta nosso futuro – isto é, a não ser que permitamos.

Vivenciar as coisas (mesmo as difíceis ou dolorosas) e se lançar ao mundo é o que, em última instância, faz de nós... bem, nós. Nossa presença neste mundo, o que inclui outras pessoas, é o modo como solidificamos nossa compreensão de quem somos. Nosso corpo, nossa cultura, nossa história e nosso contexto não apenas moldam quem somos como *são* quem somos. Eu sou *eu* por causa dessas coisas, não apesar delas. Eu sou única – minha essência é uma interseccionalidade exclusiva (neste momento).

É por isso que Heidegger sugeriu que existir como nossos Eus exige algo chamado "ser-no-mundo". Em alemão, a expressão *In-der--Welt-sein* se traduz literalmente como "ser-no-mundo" (parecida com a palavra que ele usa para o Eu, *Dasein* – fortalecendo a ideia de que existir e ser o seu Eu não podem ocorrer de forma independente um do outro). De acordo com essa lógica, podemos concluir que se perdermos nosso Eu, deixamos de *estar aqui*, deixamos de existir.

Não é de admirar que perder nosso Eu seja excruciante – como a morte.

O PROBLEMA DA INAUTENTICIDADE

Muitas pessoas desperdiçam a vida sem saber *quem são*. Falamos e agimos o tempo todo em nome do "Eu", mas a maioria de nós não conhece o Eu com intimidade o bastante para fazer isso. Tentamos alcançar esse senso ilusório de "autenticidade" que tem sido comercializado nos últimos tempos, mas ficamos confusos a respeito de seu significado.

Se você imaginar a vida como um movimento progressivo que não pode ser interrompido, então a autenticidade e a inautenticidade têm o mesmo movimento progressivo, mas em direções diferentes. Não existe um caminho neutro, um meio-termo, um jeito de seguir nas duas direções. Quando não tomamos decisões, não assumimos responsabilidades nem utilizamos nossa liberdade, ainda criamos uma versão do nosso Eu, só que inautêntica. Ser inautêntico é quando nossas decisões e ações não são realmente nossas e não expressam de maneira genuína quem entendemos ser nosso Eu. Ser inautêntico, de acordo com Heidegger, é não ser o autor da própria vida – é se tornar "sem dono" ou "renegado".[20] O comportamento inautêntico pode ser sair quando você quer ficar em casa, seguir a opinião de alguém mesmo quando você discorda ou arranjar um emprego com base no que seus pais esperam, não no que você acredita que seja o seu propósito. Quando renegamos nossas ações, renegamos nosso Eu.

Entretanto, a inautenticidade e a perda de si mesmo *não* são a mesma coisa. Viver de forma inautêntica é como mergulhar em águas profundas, nadando ativamente para longe da superfície, mas ainda consciente de onde ela está. A perda de si mesmo, por outro lado, é como ser pego por uma forte correnteza; você sabe que tem que nadar, mas não faz ideia de qual direção seguir. Você não tem mais consciência de onde está a superfície, e nadar sem rumo pode levá-lo para mais perto ou mais longe da morte. O *grau* de incongruência, desconexão e desorientação que ocorre na perda de si mesmo é crucial para diferenciá-la da inautenticidade. A inautenticidade pode ocorrer quando não estamos prestando atenção, quando não estamos sendo ponderados, quando estamos distraídos ou sendo influenciados pelos outros a virarmos as costas para o Eu. É quando não damos ao nosso Eu o espaço adequado para ser, mas ainda mantemos contato com ele. (A perda de si mesmo, por outro lado, é quando essa falta de espaço e de contato se torna um estado permanente de existência.)

Muitos dos meus pacientes que se perderam afirmam sentir desespero. A notícia boa (ou ruim) é que eles não estão sozinhos[21] – todos nós sentimos algum grau de desespero quando tentamos encarar nosso Eu e nossa vida. Podemos nos desesperar por não sabermos quem somos (mas querermos saber) ou por não gostarmos de quem vemos (e não desejarmos ser aquela pessoa).

A maioria de nós está ou tentando desesperadamente descobrir quem é ou fugindo da pessoa inautêntica que reconhece ser. Nas duas situações, ficamos desesperados. Estamos todos (ou quase todos) buscando uma resposta que "resolverá" o mistério do Eu.

A realidade decepcionante é que a única resposta concreta que podemos ter sobre quem somos é encontrada em nossas próprias *ações*. Todos os dias precisamos mostrar a nós mesmos – por meio da nossa presença no mundo – nosso Eu autêntico. Como escolhemos existir depende de nós, mas Sartre afirmou que a melhor coisa que podemos fazer com a nossa vida é viver de forma *autêntica*. E, para ele, a autenticidade significava **aceitar todo o peso da liberdade** (tudo bem, tenho certeza de que você já entendeu o recado!).

A TAREFA DA AUTENTICIDADE

Resumindo, o Eu tem três ingredientes principais: liberdade, escolha e responsabilidade. *Criamos o nosso senso de identidade com as escolhas que fazemos, a noção de responsabilidade com que encaramos nossa existência e a forma como usamos nossa liberdade apesar das nossas limitações.*

Levei um tempo para acreditar que essa premissa é empoderadora. Essa perspectiva é dura e desconfortável, além de já ter sido um péssimo gatilho para mim. É parecida com aquele sentimento que temos quando as pessoas nos tratam como adultos pela primeira vez. Quando alguém tem a audácia de nos dizer que devemos tomar as próprias decisões ou assumir a responsabilidade pelos nossos erros. *Como ousam?*, eu me lembro de pensar. *Quê? Eu tenho que ser adulta agora, de repente, por conta própria? Não deveriam me deixar encarregada de mim mesma!*

A cereja desse bolo existencial de três camadas (cujo sabor talvez esteja um pouco amargo agora) é que, embora o livre-arbítrio sempre nos apresente escolhas, *ninguém* pode nos dizer o que fazer com ele. O que quer que decidamos fazer (ou não) é responsabilidade *nossa*.

Eis um exemplo compartilhado por Sartre:[22] um homem se

aproximou do filósofo pedindo ajuda para tomar uma decisão. Ele tinha que escolher entre ir lutar na guerra, na qual acreditava (embora seu papel fosse provavelmente pequeno), ou ficar e cuidar da mãe idosa, que era sozinha (e ter um grande papel em uma pequena causa). Sartre declarou que ninguém poderia ajudá-lo a encontrar a resposta "certa", porque não haveria resposta certa *até* que o homem tomasse a decisão. *A resposta certa é uma resposta autêntica, e ninguém mais poderia guiá-lo rumo à decisão que era verdadeiramente autêntica.* Portanto, a escolha do homem – fosse qual fosse – era a única escolha *verdadeira*.

"Autenticidade" é mesmo a palavra da moda na cultura moderna. O que é ótimo, exceto pelo fato de que, em algum ponto do caminho rumo à popularidade do termo, conseguimos tirar o peso e o significado dele. A palavra "autêntico" passou a ser usada de forma errada, excessiva e enfraquecida a fim de torná-la mais acessível. Então, para tentar evitar confusão, vamos explorar o que quero dizer com autenticidade.

Algo é autêntico quando *é* o que professa ser, o que se acredita ser ou representa o que verdadeiramente é. Mas não podemos falar de autenticidade humana sem mencionar o Eu. Ser autêntico significa ser o seu Eu? Significa estar em harmonia com o seu Eu? Ou significa representar o seu Eu?

Na estrutura da análise existencial, entendo autenticidade como encontrar paz e um centro dentro de nós mesmos. A autenticidade é um espaço onde nossa dúvida acaba e nos sentimos enraizados, como se tivéssemos alcançado nossa profundidade interior (ressonância interior). É o sentimento profundo e intuitivo (sentido) ou o senso de justiça do nosso ser (*Dasein*). É quando podemos finalmente dizer *sim* a quem somos (dar consentimento interior em qualquer momento). A essência de quem somos só pode vir à tona através da sintonização, e a sintonização só é possível por meio do conhecimento íntimo. Assim como não conseguimos entender a mensagem de uma canção se não escutarmos a letra, só podemos conhecer nosso Eu ao prestar atenção. Então se sintonize. Experimente *todos* os tipos de preparo de ovos.

Autenticidade é ter um senso de identidade que diz: *Este sou eu, neste momento, é assim que quero ser.*

Hoje, as pessoas costumam usar a autenticidade como um bode expiatório. Quando uma ação é seguida de uma declaração do tipo "estou só sendo autêntico", isso significa que a pessoa está tentando fugir da responsabilidade por algo que acabou de dizer ou fazer. Mas este é um exemplo de mau uso da palavra, porque *ser autêntico é ser responsável e assumir suas escolhas.* No entanto, muitas vezes nos acovardamos diante desse pensamento específico, porque, quando estamos sofrendo, quando as coisas estão difíceis ou são injustas, queremos acreditar que estamos isentos da nossa responsabilidade pela *forma como* lidamos com o mundo. Em geral, é aí que abusamos da nossa liberdade e prejudicamos nossa autenticidade.

O conceito comum de "autenticidade" vem principalmente de *Ser e tempo*, um livro de Heidegger publicado em 1927. Ele cunhou um novo termo, *Eigentlichkeit*. Quando traduzida,[23] essa palavra alemã significa literalmente "posse", "ser propriedade" ou ser "de si próprio". E, como somos livres e responsáveis, a autenticidade poderia ser entendida como tomar posse do que fazemos e de quem somos em toda intersecção única da existência (a cada momento). É o que nos torna insubstituíveis, irredutíveis, irrepetíveis. Sartre disse:

Não há dúvida de que eu poderia ter agido de outra forma, mas esse não é o problema. Ele deve ser formulado assim: "Eu poderia ter agido de outra forma sem modificar de modo perceptível a totalidade orgânica dos projetos que constituem quem eu sou?"[24]

Toda ação modifica a totalidade de quem somos. Em outras palavras, quando mudamos nossas ações, mudamos nosso senso de identidade.

Há algum tempo, eu estava tomando um café com uma amiga querida enquanto conversávamos sobre a perda de si mesmo (que divertido!), e ela me perguntou:

– Se algumas pessoas perdem o senso de identidade e outras nunca chegam a formá-lo, isso significa que alguns indivíduos precisam *restabelecer* o seu Eu?

Foi uma pergunta que me fez pensar. Refleti por alguns instantes e respondi:

– *Não.* Todo mundo estabelece um senso de identidade, constantemente. A cada momento o seu Eu muda, está sempre se transformando, portanto não pode ser *re*-estabelecido.

Descobrir "quem eu sou" requer que eu me identifique, em essência, como "incompreensível".* Em outras palavras, que a pessoa que somos continuará a mudar e a evoluir.

Sabe qual é o lado belo (e talvez frustrante) de ser humano? *Somos impossíveis de definir.*

Nossa essência final está sempre à nossa "frente", e nunca a encarnaremos por completo. As pessoas costumam se sentir sobrecarregadas por isso. A maioria de nós espera uma "jornada" única de descoberta em vez de uma vida inteira de responsabilidade. Mas o Eu não é um prêmio ou uma simples posse. Não temos o privilégio de observar nosso Eu e preservar sua beleza, completude e integridade independentemente de como levemos a vida. A forma como vivemos *nos* muda.

---

* Adoro essa palavra, "incompreensível", como uma forma de descrever nossa essência humana! Ela nos deixa humildes e esperançosos ao mesmo tempo – pelo menos foi assim que eu me senti quando a ouvi pela primeira vez, durante meu treinamento de análise existencial.

E, mesmo com todas essas mudanças, vejo o Eu como algo consistente. Isso porque entendo a consistência como a capacidade de agir sempre de acordo com nossas convicções e nossa visão de nós mesmos. Essa crença me traz segurança. Também encontro segurança e força na flexibilidade, no movimento e na maleabilidade do Eu.

Veja por este lado: é possível quebrar uma pedra, mas é impossível quebrar água. Muitas pessoas pensam no Eu como uma pedra. Algo que precisa estar formado, "estável" e imóvel. Mas o Eu é mais parecido com a água: fluida, mutante, movendo-se em torno dos objetos em seu caminho. Sua fluidez é o seu poder, não sua fraqueza.

Aqui está um desafio: escolha um dia desta semana e comporte-se de um modo que realmente se alinhe com a sua forma de entender o seu Eu. Encare o dia como se toda pequena (ou grande) decisão e todo ato importassem (qual café você vai pedir, como vai alinhar a postura, quais palavras vai decidir falar, quais ovos vai comer). Preencha todo e cada instante com intenção e avalie sempre. Busque o sentimento de ressonância de quando você está alinhado, congruente, em paz – de quando as coisas parecem certas e "no lugar" dentro de você. Lembre-se: se ser verdadeiro com o seu Eu for uma novidade, a sensação pode ser estranha, desajeitada ou desconfortável no começo. Aceite o desconforto de tentar algo novo e dê tempo ao tempo.

O ATO DE SE TORNAR

É importante reconhecer que meu próprio entendimento do que significa *ser* humano foi muito influenciado pelo meu professor Alfried Längle – psicoterapeuta, psiquiatra, psicólogo, fundador e ex-presidente da Sociedade Internacional para a Logoterapia e

Análise Existencial, além de ex-vice-presidente mundial da Federação Internacional de Psicoterapia (a instituição mais antiga da área). Längle foi pupilo e colaborou com Viktor Frankl.* E sabia que Frankl conhecia Martin Heidegger?! O fato de eu poder fazer parte dessa linhagem ao chamar Längle não apenas de orientador do meu doutorado mas também de mentor é uma das maiores honras da minha vida. Os ensinamentos dele foram meu trampolim para a filosofia e a psicoterapia existenciais e influenciaram muito a escrita deste livro e minha compreensão do que quer dizer ser seu próprio Eu e do que significa estar perdido. Você verá que faço várias menções a Längle – várias *mesmo* – ao longo do livro, e isso se deve ao fato de que este livro não existiria sem ele!

Também não é de surpreender que a teoria da análise existencial de Längle tenha servido de inspiração para minha primeira tatuagem, que fiz em um dos piores momentos da vida (pouco antes da crise de pânico). A tatuagem é simples, apenas uma palavrinha: *Être*. É o verbo "ser", em francês. Naquela época, eu queria lembrar a mim mesma de *existir* – mudar, escolher, transformar, transcender, ser Eu mesma a cada momento – em vez de apenas sobreviver. Eu queria marcar meu corpo com algo que representasse a interseção entre meu passado e meu futuro (que eu ainda não sabia como percorrer). Queria me dar permissão para ser Eu mesma. Queria lembrar que cada instante e cada decisão me permitem moldar quem eu sou. Queria tudo isso, mesmo mergulhada na perda de mim.

Acho que eu desejava algo que nunca tinha tido: meu Eu. Hoje, a arte de *ser* e *me tornar* é mais central na forma como vivo a vida. É minha âncora, minha orientação e, ouso dizer, minha *filosofia* de vida.

---

* Com o tempo, os dois tiveram divergências teóricas por causa do novo desenvolvimento de Längle no campo da análise existencial.

A forma como entendemos a vida é a forma como a vivemos.
Nossa compreensão do Eu define como *somos* (*nos tornamos*) o Eu. Então aqui vão algumas perguntas que podem ajudar você a começar o processo de entender sua relação com seu Eu.

Você busca uma essência que acredita que lhe foi dada por outra pessoa (uma Estrela-Guia que deveria seguir) ou crê que depende de você moldar, formar e criar sua essência com suas escolhas? Você é um detetive ou um artista? Um arqueólogo ou um arquiteto?

Eu
- Qual é sua definição de Eu?
- Como você descreveria seu Eu em 50 palavras? (Sim, 50!)
- Como você define autenticidade?
- Quais "imposições" e possibilidades você vê na sua vida?

Responsabilidade
- O que lhe ensinaram sobre a responsabilidade?
- Como você define responsabilidade?
- Pelo que você se sente responsável?
- Pelo que você *não* se sente responsável?
- Você assume a responsabilidade pela sua versão atual? Por que ou por que não?
- Você acha que a responsabilidade por quem você é deveria ser dividida com outras pessoas? Se sim, com quem?

Escolhas
- O que lhe ensinaram sobre fazer escolhas?
- Quais escolhas você está evitando neste momento da sua vida?
- Quais decisões são as mais difíceis para você tomar?

- O que mais o assusta ao tomar uma decisão?
- O que você tem escolhido, mas quer parar de escolher?

LIBERDADE
- O que lhe ensinaram sobre liberdade?
- Como você define liberdade?
- Você se sente livre para ser você mesmo?
- O que você acha que está limitando sua liberdade?
- Você sente ansiedade a respeito de ser livre?
- Cite algumas coisas sobre as quais você tem liberdade.

Há muitas citações por aí sobre ter confiança em que você está exatamente onde precisa estar ou é exatamente quem precisa ser. Embora possam ser agradáveis de ler, muitas vezes não representam nossa realidade. Talvez você *não* esteja onde quer estar e *não* seja quem deseja ser.

Se você continuar vivendo exatamente como vive neste momento, será suficiente? Quando estiver no leito de morte, vai poder dizer a si mesmo "Foi uma vida bem vivida"?

Não quero dar a entender que o segredo seja ver seu senso de identidade como um exame no qual se é aprovado ou reprovado, mas que você deve tomá-lo como a tarefa da sua vida. Seu Eu é sua grande obra-prima.

Glossário

Para ajudar a sedimentar algumas das ideias complexas que discutimos, aqui está um pequeno glossário existencial:*

---

* Este glossário é baseado na teoria da análise existencial, com minhas próprias interpretações e adaptações.

1. **Autenticidade.** A autenticidade não é a natureza que lhe é dada ou preconcebida (embora isso soe maravilhoso), e sim o processo de *decidir e criar* quem você é. É existir em consonância com seus sentimentos, pensamentos e ações. "Descobrimos" quem somos, mas fazemos isso ao *criar* quem nos tornamos. A autenticidade é uma forma de existência que é alcançada quando aceitamos o fardo da responsabilidade, da escolha e da liberdade. A autenticidade requer participação.
2. **Liberdade.** A liberdade é a capacidade de tomar decisões. Você pode dizer *sim* ou *não*. Tem o poder de escolha, independentemente de força ou dependência. Sim, pode ser um conceito assustador para muitas pessoas, mas ratifico: sempre temos liberdade de escolha. Na maioria das situações, somos livres para agir e, em algumas circunstâncias extremas e opressivas, temos ao menos a liberdade de criar sentido.
3. **Responsabilidade.** A responsabilidade é assumir suas decisões e ações. *Você* é o autor da sua vida. Sua existência sempre diz respeito a você. Tudo o que você é está conectado a um mundo que constantemente pede que você interaja com ele. Você precisa reagir, então é responsável.
4. **Sentido.** Buscar sentido é enxergar e entender o motivo pelo qual algo – ou você – está aqui. É encontrar propósito e valor nas suas experiências. Em vez de perguntar "O que devo pedir da vida?", mude o foco, perguntando "O que a vida está pedindo de mim?".

A DURA VERDADE

Você é sempre livre, o que significa que
é sempre responsável.

LEMBRETE AMIGÁVEL

Quem você é vai evoluir e mudar.
Permita que isso aconteça.

CAPÍTULO 3

O que a vida está pedindo de mim?

Um dos meus professores preferidos na graduação começou nossa aula de filosofia moral contando uma história. Ele explicou que, nos 20 anos anteriores, a prova final da disciplina consistira em uma pergunta de duas palavras: "Por quê?" O tempo que ele dava para a realização da prova era notoriamente longo, variando de três a oito horas (ele distribuía cadernos para que os alunos tivessem espaço suficiente para responder à pergunta). Os alunos costumavam aparecer com lanches, garrafas d'água e várias canetas. O professor era conhecido por raramente dar nota 9 e nunca 10 (ele acreditava que sempre havia como melhorar). Quer dizer, até que uma pessoa finalmente conseguiu a nota máxima.

Para a surpresa de todos, o professor explicou que, no ano anterior, um aluno tinha completado a prova em cinco minutos. Ele se levantou, andou até a mesa do professor, entregou o caderno e saiu da sala. O professor ficou intrigado. Abriu o caderno e encontrou na primeira página uma resposta de três palavras:

Por que não?

A maioria de nós quer uma resposta concreta para por que estamos vivos, por que a vida vale a pena e por que devemos ou não nos preocupar em ser nosso Eu. Aquele valente jovem existencialista desafiou a premissa de que haveria uma resposta certa ou errada (ou de que haveria qualquer resposta). Em vez disso, ele se lançou à vastidão da possibilidade.

Sentido talvez seja o assunto em que filósofos existencialistas e terapeutas existencialistas mais tenham divergências. Quando digo que sou terapeuta existencialista, as pessoas muitas vezes entendem as duas palavras separadas, mas têm dificuldade de uni-las. Como alguém que supostamente acredita na falta de sentido e no absurdo da vida pode ajudar os outros a dar sentido à própria vida?

Nas primeiras sessões, a maioria dos meus pacientes que se sentem perdidos quer saber exatamente *como* vão descobrir quem são, como se a terapia pudesse reunir todas as respostas em uma caixa e entregá-la em mãos, embrulhada com um laço (ah, quem dera!). Eles querem *saber* quais são os passos tangíveis, querem receber um mapa que mostre exatamente como será o processo de serem o próprio Eu. Entendo que ter as coisas estruturadas e previsíveis costuma dar uma sensação de segurança e esperança. Mas, quando alguém decide trabalhar comigo, acabamos nos concentrando tanto no "por que" quanto no "como" da equação, uma vez que o "por que" vai, no fim das contas, guiar o "como". Nietzsche disse: "Se tiver seu por que para a vida, você pode sobreviver com quase qualquer como."[25] Determinar *por que* você quer viver vai ajudar a saber *como* você deseja viver, o que, por sua vez, vai moldar *quem você é*. O sentido não é apenas a cereja do bolo, é a massa.

Não é coincidência que o existencialismo tenha ganhado destaque após a Segunda Guerra Mundial, quando a vida e as atrocidades do Holocausto desafiaram o entendimento comum de que o mundo era um lugar com ordem e sentido. No entanto, foi justamente o sentido que manteve Frankl vivo,[26] por isso ele propôs que a busca por sentido é nossa força mais básica (em vez de prazer ou poder).

Längle considera o sentido uma das quatro motivações fundamentais necessárias para uma vida *verdadeiramente* plena (ou seja, é muito importante!).[27]

Reflita por alguns minutos sobre as perguntas a seguir. Você consegue responder um "sim" do fundo do coração – seu consentimento interior – a todas as quatro?

1. **Estou aqui; mas será que consigo realmente *ser*? Consigo existir?**

   Estou ciente das condições e do contexto que me oferecem segurança, apoio, espaço e proteção? Confio em mim mesmo e no mundo ao meu redor? Consigo saciar necessidades humanas básicas que me permitem viver? Posso aceitar minhas condições?

2. **Estou vivo, mas gosto disso?***

   A forma como vivo nutre uma conexão com meus valores e com as pessoas à minha volta? Gosto do fato de estar vivo? Consigo me conectar com meus sentimentos e com aqueles à minha volta? Eu me comovo com a vida, sou *tocado* por ela?

3. **Posso ser eu mesmo?**

   Tenho o *direito* de ser quem sou? Tenho permissão (do meu Eu e dos outros) e espaço para ser eu mesmo e me expressar?

---

* Embora Frankl tenha conseguido encontrar sentido até nos campos de concentração, ninguém poderia afirmar que ele mantinha uma existência *plenamente* gratificante. Não acho que ele tenha respondido sempre *sim* a esta pergunta.

4. **Tenho sentido na vida?**
Quais são minha direção e meu propósito na vida? Consigo identificar por que estou vivo e como quero existir enquanto estiver aqui?

Como você deve ter percebido, a última condição listada – embora se possa dizer que é a primeira condição proposta – é o *sentido*. Sem ele, **nossa existência não será plena.** Se não encararmos o *porquê*, não conseguiremos existir plenamente.

Vamos aprofundar o que quero dizer com existência:

- Existência é estar no aqui-agora; ser presente, vivo e criativo.
- Existência é estar engajado na vida.
- Existência é experimentar tudo (tanto a alegria quanto o sofrimento).
- Existência é tomar uma atitude que diz: "Estou aberto ao que existe."
- Existência é nossa implementação da vontade.
- Existência é viver com consentimento interior.
- Existência é ação.
- Existência é tanto uma dádiva quanto uma tarefa. Existência é uma escolha.
- Existência é sair da zona de conforto e superar nossas condições.
- Existência é nossa liberdade de *ser* ou *não ser* (e não é essa *a* questão?).

Em última instância, existência significa criar algo a partir do nosso Ser. E podemos argumentar que existir de verdade é o que dá sentido à vida. O sentido é nossa **participação e nossa orientação** para estarmos vivos. Se não participarmos da vida e não tivermos uma direção clara a seguir, nossa vida se resumirá às funções básicas de respirar e ter um coração pulsante (e é muito difícil encontrar sentido nesse estado).

SENTIDO E TEMPO

Nosso tempo na Terra é limitado, e esse simples fato ameaça nosso Eu. Podemos ficar ansiosos pensando na realidade de que temos um cronômetro associado à nossa capacidade de existir e fazer com que a vida tenha algum significado. Isso é normal. O sentido emerge do tempo – mas não é limitado por ele. Ações significativas são o que ocorre quando participamos da vida com plena consciência da sua finitude. Embora o tempo traga consigo a noção da morte, ele também nos motiva a reconhecer e tomar posse de cada momento único e a fazê-lo valer a pena (#SóSeViveUmaVez, se preferir). E, é claro, o contrário também é verdade: uma quantidade infinita de tempo pode causar complacência e falta de sentido.

A única forma de encarar a vida sem desespero é vivê-la de modo significativo.

É fascinante quando pergunto a amigos como a vida deles ficaria se soubessem que têm apenas três meses antes de morrer (pois é, sou aquela amiga divertida que pergunta essas coisas em festas). A vida – e o Eu – que eles muitas vezes descrevem é bem diferente da que levam. Uma existência que prefeririam ter e que considerariam valiosa ou significativa o bastante para tomar seu precioso tempo (um Eu que passa mais momentos com a família, viajando, pulando de paraquedas, morando em uma van e rodando pelo país, se dedicando a uma pós-graduação, fazendo trabalho voluntário, etc.). Então por que eles não trabalham para ter uma versão dessa vida *agora*? Por que evitar o risco e o esforço – ficar na zona de conforto, por assim dizer – é considerado mais importante do que uma vida revigorante e gratificante? Por que eles resistem a essa versão do seu Eu? Só porque acham que têm todo o tempo do mundo? Bem, é claro que eu entendo. Ainda tenho dificuldade de não fazer a mesma coisa. Mas descobri que quero viver uma vida e quero ser uma pessoa que signifiquem algo para mim. E agora tento, todos os dias, avançar nessa direção. Nem sempre é fácil ou até agradável viver assim: me mantendo atenta (durante todo o tempo) ou tomando decisões que respeitem quem sou; estando acordada em vez de vivendo em um sonambulismo feliz. Mas *sempre* senti que isso tem valor. *Sempre* pareceu verdadeiro. E há uma beleza infinita e uma satisfação profunda nisso.

Quando perco a consciência de que o tempo é finito, costumo perceber que minha noção de sentido também se perde. Muitos dos meus relacionamentos foram a distância, e descobri que, quando meu parceiro e eu estamos juntos, ficamos mais gentis e atenciosos um com o outro à medida que o momento da separação se aproxima. Saber que nosso tempo juntos precisa chegar ao fim nos ajuda a tornar os dias restantes mais intencionais e especiais. Quando começamos a valorizar o tempo, valorizamos um ao outro também.

Então, em vez de me sentir pressionada pelo tempo, aprendi a *usá-lo*.

DE ONDE VEM O SENTIDO?

Como descobrimos nosso sentido? Muita gente aborda essa questão indagando "Qual é o sentido da vida?", mas esta é uma pergunta impossível de responder, vaga e abstrata, que nos deixa empacados. Frankl a comparou a perguntar a um campeão de xadrez qual seria a melhor jogada do mundo.[28] Só que não existe uma "melhor jogada", porque as circunstâncias são diferentes em cada partida, para cada pessoa. Assim como um mestre enxadrista não é capaz de responder qual é a "melhor jogada", um terapeuta existencial não pode lhe dizer qual é o "sentido da vida".

Na maior parte das histórias que ouço, está implícita na ideia de "encontrar sentido" a suposição de que é algo que fazemos apenas *uma vez* e que vem de alguma coisa muito "maior que nós" (leia-se: *está fora do nosso controle*). Encontramos sentido apenas porque nos foi "permitido" encontrá-lo. Isso costuma se alinhar com o conceito de que o universo, um poder superior ou uma força de energia vital oferece um sentido que devemos abraçar. Sei que *parece* idílico, mas o que acontece quando o que aprendemos ou o que nos foi "dado" não se alinha com quem entendemos que nosso Eu é? Por exemplo, se você for gay, mas tiverem lhe falado que o sentido vem do casamento entre um homem e uma mulher? Ou se você não quiser ter filhos, mas tiverem lhe dito que você nunca conhecerá a felicidade até gerar descendentes?

Acontece que não posso afirmar o que deve (ou não) lhe dar sentido, mas posso, sim, oferecer outra perspectiva: e se nós formos responsáveis por *criar* (*vivendo*) nosso significado em vez de simplesmente *encontrá-lo*?

E se o sentido puder ser encontrado no ato de criá-lo, de acordo com sua vida única e com o que ressoa em você? Esse princípio existencial pode ser aplicado até a pessoas que praticam uma religião. Por exemplo, ser cristão não tem a ver apenas com a sua fé interior, mas também com a *forma* como você leva a vida. Para abraçar qualquer sentido, é preciso vivê-lo. No entanto, tenha em mente que não é apenas a *ação* que é relevante. Muitas vezes, confundimos sentido com produtividade (e, acredite, os dois nem sempre andam de mãos dadas). A sociedade nos fez sentir que se não somos *produtivos*, então perdemos nosso tempo, não temos valor. Mas é possível ser "bem-sucedido" ou "ocupado" sem ter *qualquer* senso de propósito. Se nossas ações não tiverem valor, consentimento interior, intenção ativa ou sintonização, o resultado em si não terá sentido – será vazio. E se nos concentrarmos *somente* em produtividade pessoal, planos e listas de afazeres, desvalorizaremos o mundo, porque ele se tornará apenas uma ferramenta para vivenciarmos nossos desejos. Por outro lado, se focarmos apenas no mundo e não no Eu, perderemos a nós mesmos. E, se perdermos nosso Eu, obviamente não haverá sentido na nossa existência.

Isso está soando um pouco sombrio? Eu juro que não precisa ser o caso, mas devo salientar que se trata de um equilíbrio delicado. Talvez uma forma mais acessível de abordar o sentido seja reconhecer que cada um de nós tem uma missão específica a realizar. Essa tarefa depende de oportunidade e contexto. O sentido é diferente para cada indivíduo e pode diferir de dia para dia ou de momento para momento. Em seu livro, Frankl escreve: "O que importa, portanto, não é o sentido da vida em geral, mas o sentido específico da vida de uma pessoa em determinado momento."[29] Precisamos reconhecer sentido em *tudo* o que fazemos. O sentido guia cada ação, o que estamos fazendo *neste exato instante* (por exemplo, desenhando com seu filho, preparando o jantar, lendo este livro, conversando com amigos, mandando uma mensagem de texto ou um e-mail). E as ações criam quem o Eu é em determinado momento.

O que quero dizer é: *Decisões pequenas e com propósito revelam quem somos mais do que grandes questões existenciais.*

Você se lembra da última vez que vivenciou um instante perfeito, cheio de sentido? Para mim, foi deitada na areia, sob as estrelas, em Wadi Rum (o deserto vermelho na Jordânia). A temperatura era ideal, a areia sob meu corpo era macia e o céu estava cheio de estrelas, uma vastidão e uma majestade incontáveis. Minha vida de repente pareceu pequena (comparada à imensidão acima de mim), mas, ainda assim, importante – entendi que eu integrava a grande tapeçaria da existência. Reconheci que sou uma parte valiosa de um quadro que não consigo nem enxergar por inteiro – muito, *muito* maior que eu.

Se você achar que perdeu seu sentido, pode ser útil pensar na última vez que o vivenciou. Foi rindo com amigos? Observando o mar? Cantando para seu filho dormir? É importante ter curiosidade sobre como você se sente a respeito das diferentes áreas da sua vida. É fácil confundir nossa falta de sentido em uma área com a forma como percebemos a vida como um todo, mas não vamos fazer isso. Podemos nos sentir insatisfeitos no trabalho, mas ainda assim ter uma vida plena. No entanto, se permitirmos, nosso descontentamento pode acabar se alastrando. Se você estiver enfrentando uma sensação de falta de sentido, talvez esteja orientando sua vida na direção errada. Nosso sentido da vida pode mudar, mas nunca deixa de *ser*.

Portanto, em vez de perguntar "Que sentido a vida pode me oferecer?", reformule para "*O que a vida está me pedindo?*".* Em seguida, podemos *escolher* como responder. O sentido é um *ato de devoção* em resposta às perguntas da vida – um processo contínuo para entender o mundo e assumir a responsabilidade pela forma como escolhemos habitá-lo. É como decidimos cuidar do nosso Eu, dos outros, da sociedade e do planeta.

Frankl propõe que podemos descobrir o sentido da vida de três maneiras:[30]

- Ao criar uma obra ou realizar um feito
- Ao vivenciar algo ou encontrar alguém

---

* Esta é uma reformulação crucial que aprendi durante meu treinamento. Ela me ajudou a prestar atenção no quadro geral da vida e entender meu papel nela. Também me ajudou a sentir que tenho poder. Finalmente percebi que tenho a liberdade de escolher minha resposta.

- Por meio da atitude que tomamos diante do sofrimento inevitável

Ou seja, Frankl não está sugerindo que podemos vivenciar o sentido somente através do sofrimento, mas que *ainda* podemos encontrar sentido *enquanto* estamos sofrendo. Há contextos e circunstâncias que não podemos mudar, mas continuamos sendo responsáveis por escolher viver uma vida significativa: "Quando não somos mais capazes de mudar a situação, somos desafiados a mudar a nós mesmos."[31]

Você já fez algo que foi muito desagradável, doloroso ou difícil, mas que *precisava* fazer? Talvez você tenha defendido alguém que estava sendo intimidado ou maltratado. Talvez tenha suportado a dor do parto para trazer seu filho ao mundo. Ficou mais fácil quando você percebeu que a situação lhe trouxe um sentido? Certa vez, Frankl deu o exemplo de um idoso cuja esposa falecera. O homem estava inconsolável[32] até que entendeu que o fato de estar sofrendo significava que a mulher *não* teria que passar pela dor da morte *dele*. Esse sofrimento, ou sacrifício, passou a ter um sentido e se tornou mais fácil suportá-lo. Da mesma maneira, vejo indivíduos que atravessam um divórcio e cuja dor é insuportável até que eles se apegam à ideia de que isso será benéfico para os filhos.

Apesar de muitas vezes abordarmos o sentido de forma bastante cognitiva, é importante saber que ele pode ser acessado intuitivamente. Na verdade, na maioria dos casos, o sentido ocorre *fora* da nossa consciência cognitiva. É por isso que a maior parte das pessoas não pergunta sobre o sentido de modo explícito (a não ser que vivenciem um trauma, uma grande transição, a perda de si mesmas, etc.); é muitas vezes de forma intuitiva e por alguma *vivência*.

VOCÊ TEM UM MOTIVO PARA VIVER?

No meu primeiro semestre na pós-graduação, fiz uma aula de Introdução ao Aconselhamento que dava uma visão geral das principais modalidades terapêuticas. Para ser sincera, quase não lembro de que falava o capítulo sobre "terapia existencial", mas uma coisa chamou minha atenção e ficou na minha cabeça: uma breve transcrição de uma conversa entre um terapeuta e um paciente que estava explicando todos os motivos pelos quais queria morrer.

Depois de ouvir o paciente, o terapeuta fez uma simples pergunta: "Certo, então por que você não se mata?"

Espera aí, o quê? Meu queixo caiu. *Podemos dizer isso?* Fiquei horrorizada, entusiasmada, chocada e encantada. Foi exatamente essa fala que atiçou meu interesse pela terapia existencial. Muitos colegas acharam essa abordagem provocadora (e é mesmo) e insensível. Mas eu a considerei comovente e bruta. Fiódor Dostoiévski, meu romancista (e existencialista) russo preferido, escreveu: "O segredo da existência humana não consiste somente em viver, mas em saber para que se vive."[33] No fim das contas, o que aquele terapeuta queria perguntar, ainda que de forma bem provocadora, era: *Você tem algo pelo qual viver?* Essa pergunta me fez refletir.

Todo mundo deveria poder escolher entre viver ou morrer, mas uma vida sem sentido é, bem, sem sentido. Se não soubermos *por que* estamos *escolhendo* viver – a que dedicar nosso Eu –, a vida essencialmente acabou. *Reintroduzir sentido na vida é a única forma de salvar uma vida.* No entanto, a reintrodução não é o mesmo que doutrinação – não se trata de dizer a alguém em que acreditar, mas de fazer com que o indivíduo encare a própria falta de sentido e assuma a responsabilidade por ela.

Frankl narra sobre um paciente[34] que lhe pediu que diferenciasse a logoterapia – uma terapia que se concentra "no significado da existência humana, assim como na busca do homem desse significado" – e a psicanálise (a abordagem freudiana).

Antes de responder, Frankl pediu que o paciente descrevesse seu entendimento da psicanálise.

– Durante a psicanálise, o paciente precisa se deitar no divã e contar coisas que às vezes são desagradáveis de contar.[35]

Ao que Frankl respondeu:

– Na logoterapia, o paciente permanece sentado, mas precisa ouvir coisas que às vezes são muito desagradáveis de escutar.

Embora esse comentário possa parecer desaforado, acredito que a resposta de Frankl resume como pode ser difícil enfrentar questões existenciais. Descobri que muitas pessoas não só se assustam com a tarefa de encontrar a "resposta" mas também têm muito medo até de fazer a pergunta. Estou aqui para dizer que se você não souber qual é o sentido da sua vida ou por que está vivo, *tudo bem*! Não é algo patológico, é apenas uma angústia existencial. O mal-estar não é ruim, é a *tensão* que molda nossa existência, e precisamos aprender a usá-lo, a abraçá-lo. Estamos perpetuamente presos entre o que fizemos e o que desejamos realizar – *esse* é o ato significativo de se tornar seu Eu. Frankl explica essa ideia:

> Considero um equívoco perigoso de higiene mental presumir que o homem precisa em primeiro lugar de equilíbrio ou, como é chamado na biologia, "homeostase". O que um homem realmente precisa não é de um estado sem tensão, mas da luta e do esforço por um objetivo que valha a pena, de uma tarefa escolhida livremente. Ele não precisa da descarga da tensão a qualquer custo, mas do chamado de um possível sentido à espera de ser concretizado por ele.[36]

Sinto a tensão da minha existência quase diariamente. Em alguns dias, ela parece um questionamento suave; em outros, um fardo pesado. Há pouco tempo, eu estava escrevendo em uma cafeteria e comecei a examinar em silêncio o sentido da vida. Percebi que não temos mesmo muito tempo aqui, e qual é o sentido de tudo, afinal? Será que eu estava fazendo a coisa certa com minha vida? Será que o meu trabalho com pacientes ou no Instagram tinha qualquer importância? Qual era o sentido de ter relacionamentos se todos eles acabam quando morremos? Por que eu estava tão convencida de que havia um motivo para acordar no dia seguinte? Aos poucos, minha comida começou a perder o sabor, as palavras que eu estava escrevendo pareceram vazias, e fiquei olhando para o nada. *Acrescente um filtro preto e branco e uma música melancólica de piano ao fundo.*

Mas essa tensão não pareceu uma ameaça a quem eu era nem à minha existência (acredite, isso já aconteceu no passado), porque estou em uma fase da vida em que me sinto alicerçada no meu Eu. Agora, momentos como esse passaram a trazer informações e significados – às vezes, profundos. Eu me rendi à dificuldade e à frequência com que essas perguntas surgiam e, em vez de me lançar na escuridão, o desconforto me ajuda a me reorientar e garantir que eu continue sendo uma participante ativa da minha própria realização. Esses momentos me mantêm alerta, quero dizer. E, por isso, os valorizo.

Mas não foi assim para mim por muito tempo, e não é a realidade de muita gente. Antes, eu era assombrada pela minha desorientação e pelo meu vazio interiores; isso era tão desconfortável que eu queria fazer qualquer coisa para escapar. Eu sentia um buraco enorme dentro de mim e, numa busca desajeitada por sentido, tentei tampar esse buraco com coisas que não deviam existir, impulsivamente anestesiando a dor com uma série de relacionamentos (de todos os tipos), reconhecimento por meio de conquistas e incontáveis e entorpecentes horas assistindo à TV. Em uma reviravolta irônica, foi o processo de explorar aquele vazio – o desenredar confuso da perda de mim mesma – que me deu o sentido que faltava. O primeiro passo foi descobrir como eu pude chegar a um lugar onde "Quem sou eu?" era uma pergunta que eu não tinha a menor ideia de como responder.

A DURA VERDADE

Uma vida com sentido começa quando você
decide que vale a pena vivê-la.

LEMBRETE AMIGÁVEL

Baseie-se no seu porquê e este o levará ao seu como.
Seja fiel ao seu como e este o levará ao seu Eu.

PARTE II

O Eu que você perdeu

*O mundo lhe perguntará quem você é e,
se você não souber, o mundo lhe dirá.*[37]
– CARL G. JUNG

CAPÍTULO 4

O que causa a perda de si mesmo?

Há dois tipos de pessoas no mundo: aquelas que tinham um senso de identidade e o perderam e aquelas que *nunca* conseguiram entender ou ser elas mesmas. Pode ser difícil discernir em qual categoria nos enquadramos; no fim das contas, isso é irrelevante. Quando estamos perdidos, o desconforto e as consequências parecem iguais. Em ambas as circunstâncias, somos presenteados com a difícil tarefa de encarar nossa perda e voltar à sua origem: *Quando, como e por que ela ocorreu?* A incorporação – a unificação do Eu – não vem do simples ato de escavar o passado, mas de olhar para trás e nos permitir ganhar perspectiva, compaixão e lições significativas que ajudarão a moldar nosso futuro.

No meu caso, a perda de mim mesma começou cedo. Se tivesse que apontar um momento exato, seria aos 9 anos, na primeira noite que passei em um abrigo antibombas.

Tenho uma lembrança vívida daquela noite por causa do enorme contraste com o dia pacífico que a antecedeu. Afora o tempo inusitadamente ensolarado e minha caminhada até a praça da cidade, onde tomei meu primeiro sorvete da estação, a tarde de primavera foi normal – bem, pelo menos o que era considerado normal para o antigo território da Iugoslávia em 1999. Nos meses anteriores, todos os espaços públicos no meu pequeno vilarejo fervilharam de sussurros, palavrões, orações desesperadas que mais pareciam negociações e, o mais importante, especulações sobre uma guerra.

Naquela noite, minha família inteira estava esparramada no sofá da sala para assistir ao nosso episódio semanal de *Esmeralda*, uma novela mexicana que nunca perdíamos. Apenas alguns minutos após o programa começar, a TV soltou um gemido longo e agudo e mudou a imagem para uma sequência de linhas coloridas. Na tela apareceu uma declaração de GUERRA em grandes letras em negrito. Tenho dificuldade de lembrar detalhes específicos do anúncio, mas a frase final pode ser traduzida mais ou menos assim: "A guerra começou." Instantes depois, sirenes começaram a soar. Estávamos sob ataque. E, naquele momento, minha infância acabou.

Saímos correndo para um porão do lado de casa. Foi o único abrigo no qual conseguimos pensar. Assim que pisamos na rua de paralelepípedos, ouvimos um som ensurdecedor. Quando olhamos na direção da explosão, vimos uma grande nuvem laranja de fogo. Em menos de um segundo, sentimos a lufada de ar quente. A primeira bomba tinha caído a poucos quilômetros de nós.

Fiquei paralisada. Como não estava familiarizada com qualquer emoção que pudesse corresponder à experiência, não fiz nem senti nada.

Nos dias seguintes, minha família buscou abrigo em bunkers públicos – estruturas subterrâneas lotadas de centenas de pessoas (estranhas). Os espaços eram iluminados por lâmpadas fluorescentes trêmulas, o chão coberto de cobertores rasgados e colchões velhos. O ar era tomado pela fumaça densa de cigarros.

Vivemos assim por alguns meses, e não sei exatamente quando isso aconteceu, mas o trauma da guerra fez com que minha prioridade deixasse de ser a autoconsciência e passasse a ser a autopreservação. Nossas únicas preocupações passaram a ser ter comida suficiente, tornar nossa casa à prova de bombas, estar prontos para correr a qualquer momento (dormindo em turnos, vestidos, com malas prontas por perto), encontrar espaço em bunkers e descobrir maneiras de minha família fugir da antiga Iugoslávia (um a um, separadamente). Mal sabia eu que a fuga seria ainda mais traumática que o cativeiro.

Lembro que fiquei de mãos dadas com minha mãe enquanto cruzávamos a ponte até o terminal rodoviário. Antes de chegarmos à metade, as sirenes soaram. Em questão de segundos, vimos um avião voando na nossa direção. Começamos a correr o mais rápido que conseguíamos. Quando penso nesse momento, ainda posso sentir o coração batendo forte. Não havia realidade em que fôssemos capazes de ser mais velozes do que o avião, mas, por sorte, ele fez uma volta e bombardeou outra ponte naquele dia. Na rodoviária, sem fôlego e tremendo, eu me despedi da minha mãe e, segurando firme uma sacola plástica cheia de lanches, entrei sozinha em um ônibus para a Bósnia. Não fazia ideia de quem me buscaria do outro lado ou para onde exatamente estava indo.

Por muito tempo, não admiti que essas experiências me transformaram. A percepção disso parecia uma derrota; eu não queria dar aos executores da guerra nada além das muitas vidas que eles já tinham ceifado. Mas a verdade sempre acaba vindo à tona, não é mesmo?

Embora a crise tivesse acabado e minha família tivesse imigrado para o Canadá, continuei no modo sobrevivência até os 20 e poucos anos. Para mim, essa autoproteção se traduzia em ser crítica, fechada e desconfiada em relação aos outros. Quando você sente que sua existência vive ameaçada, você não se permite fazer nada além de sobreviver – e se protege a qualquer custo. Meu trauma deturpou meu senso de realidade e tomou minha autonomia. *Ou era o que eu pensava.*

Você já ouviu a história do elefante e da corda? Dizem que um filhote de elefante pode ser treinado se prenderem sua perna dianteira a uma estaca com uma corda fina. No começo, o bicho tenta se libertar, mas em dado momento ele aprende que não é capaz. Quando cresce, o animal para de tentar puxar a corda ou soltar a estaca porque foi condicionado a acreditar que isso não é possível. Ele continua cativo, mesmo que já tenha força suficiente para se libertar. O que o mantinha preso não o segura mais, mas ele não sabe disso.

Eu era o elefante. De fato, tinha sido uma criança indefesa em meio a uma guerra, mas não era uma adulta indefesa levando uma vida que não queria. No entanto, eu não conseguia perceber a diferença. Parte da cura foi perceber que já era seguro o suficiente *ser* Eu mesma. Que eu tinha autonomia, que eu tinha até poder. Que meus sentimentos, pensamentos, desejos e necessidades na verdade *importavam*. Que quem eu sou não é uma mera consequência de acontecimentos dolorosos, mas um acúmulo de decisões que moldam quem eu me torno. Que a única ameaça presente era a da perda de mim mesma.

Até chegar a essa consciência – e, consequentemente, começar a encarar minha vida de forma diferente –, eu não era capaz de dar consentimento interior à vida que eu estava desempenhando (e não quero dizer "vivendo" porque isso implica ser honesta e amparada na realidade, e eu não era). *Minha consciência foi o que me libertou.* Bem, na verdade, minhas *ações* me libertaram, mas elas foram baseadas na consciência. É na consciência que tudo começa. Foi uma tarefa difícil, uma vez que as pessoas mais próximas a mim sobreviveram aos mesmos acontecimentos traumáticos e os normalizaram a ponto de eu levar até os 20 e poucos anos para perceber que, de fato, foi um trauma.

Em certo momento, *precisamos* abrir os olhos para o que aconteceu e admitir para nós mesmos tudo o que fizemos. Raramente tropeçamos na consciência; se quisermos saber mais sobre a perda de nós mesmos, temos que agir de forma intencional e deliberada ao explorar e encarar as experiências que a causaram, assim como as ações que a perpetuaram e nos mantiveram prisioneiros.

CAUSAS DA PERDA DE SI MESMO

Embora a responsabilidade pareça um tema inescapável quando falamos da perda de si mesmo, quero validar o fato de essa perda *sempre* ter um motivo, um gatilho, uma causa. Ninguém acorda um belo dia e abre mão do seu Eu. Bem, pelo menos não de forma intencional. Independentemente de ter sido um obstáculo que impediu nossa capacidade de nos identificarmos e vivermos de verdade nosso Eu autêntico ou de ter sido algo que cortou ou quebrou nossa conexão ao longo do tempo, no meu trabalho clínico observei que as causas da perda de si mesmo mais comuns são as três a seguir:

1. Acontecimentos transformadores
2. Modelos de comportamento e regras familiares
3. Autotraição

Acontecimentos transformadores

Certos acontecimentos mudam a relação que temos com nosso Eu porque apresentam uma barreira ou um obstáculo à compreensão ou à incorporação de quem somos. Após esses acontecimentos, uma de três coisas costuma ocorrer:

1. Começamos a nos identificar com a dor/o acontecimento.
2. Temos dificuldade de reconciliar quem éramos antes do acontecimento com quem somos agora.
3. Vivenciamos questões de saúde mental que nos deixam menos conectados ou com vergonha de nós mesmos.

Não existe uma regra geral de como esses acontecimentos podem parecer. Duas pessoas podem vivenciar exatamente a mesma coisa e sofrer impactos diferentes.

Apesar de o meu trauma de infância ecoar na fase adulta, você acreditaria que a pressão e a dificuldade que passei aos 20 e poucos anos foram muito mais intensas do que quando estava lutando para sobreviver à guerra? Foram mesmo. A maioria das pessoas fica surpresa quando conto isso. A verdade é que não importa *o que* tenhamos enfrentado – ou quão grande ou pequeno seja considerado o acontecimento –, não podemos avaliá-lo ou julgá-lo sem entender seu impacto. No meu caso, o evento que desencadeou a perda de mim mesma foi a guerra e, depois, o que aprofundou e perpetuou essa perda foi me casar antes de estar pronta (e com a pessoa errada); para outros, é uma mudança geográfica, um diagnóstico clínico, a morte de um ente querido, um problema no relacionamento ou o nascimento de um filho (entre outras situações).

Qualquer acontecimento pode ser significativo o suficiente para frear, distorcer ou impedir nossa relação com nosso Eu. Isto é, tais acontecimentos fazem com que seja mais difícil agirmos, sentirmos e/ou decidirmos de acordo com quem entendemos que somos.

Certa vez, trabalhei com um homem que descobriu que a esposa estava tendo um caso. Lidar com a infidelidade já era difícil por si só, mas o que fez com que aquilo consumisse meu colega foi o fato de ele ter tornado o relacionamento – o papel como marido e pai – o centro do seu Eu. Consequentemente, quando ele viu a esposa com outro homem, seu senso de identidade se estilhaçou:[*]

"Fiquei perdido porque meu chão desabou: toda a estrutura do plano de me casar, ter uma família e progredir com os fi-

---

[*] Todas as citações neste capítulo foram transcritas de entrevistas que conduzi durante minha pesquisa de mestrado sobre feridas morais; um dos temas que estudei foi o afastamento de si mesmo.

lhos. A estrutura estava desabando e eu não tinha uma alternativa para compensar aquela perda. Então fiquei atordoado, irritado e com raiva da traição... mas também preocupado: *Bem, o que isso significa?*

"Lembro que só deitei na cama e fiquei *gritando* para descarregar aquilo, porque sabia que minha vida estava destruída... ou pelo menos era o que eu pensava naquele momento. Não sei se eu tinha muito senso de identidade. Lembro que me senti [*pausa longa*]... completamente inerte... *morto* mesmo. Senti como se tudo estivesse *acabado*."

Mesmo décadas *após* descobrir a infidelidade da esposa, ele continuava a se identificar com a dor. Não abraçou as possibilidades que talvez tivesse para o futuro, permaneceu preso a suas limitações ou "condições impostas". Em consequência, ele não tinha nenhuma conexão com seu Eu. A dor se tornou a identidade dele.

"Fato é, e minhas experiências de vida confirmam, que sou uma vítima. Tiraram vantagem de mim, e fui tolo por permitir que isso acontecesse. Sou um *tolo* ingênuo. Mesmo aos 60 e tantos anos, olho para trás, para os vários relacionamentos e escolhas e comportamentos, especialmente nos últimos 10, 12 anos... [*suspiro*] e me culpo por ter sido um tolo."

Ainda que alguns acontecimentos possam nos tirar de um papel que se tornou parte importante de como vivenciamos nosso Eu, em outros contextos – como se tornar pai ou mãe – recebemos um novo papel. Para algumas pessoas, essa transição pode parecer uma adição natural a quem elas são, enquanto para outras pode parecer uma intrusão – infindáveis atos girando em torno de um papel que não ressoa com a forma como pensam, sentem ou vivenciam a si mesmas. Alguns indivíduos podem ter dificuldade de conciliar quem são agora com quem eram antes de ter filhos.

Há pouco tempo, eu estava navegando no TikTok e vi um vídeo em que uma mulher dizia algo como "Estou muito cansada de ouvir as pessoas dizerem que ser mãe não é uma personalidade". Em seguida, ela contou que, desde o nascimento do filho (nove meses antes), tudo que ela fazia era por ele. Disse que não tinha feito nada que fosse apenas para si mesma. Então como ser mãe *não* era a personalidade dela? Eu entendo; para essa mulher, a maternidade era tudo o que ela tinha naquele momento. Era a única forma de entender seu Eu, provavelmente porque as ações dela no dia a dia só refletissem a maternidade. E, às vezes, é muito difícil diferenciar nosso *papel* da nossa *identidade*. Identidade é quem somos; papel é o que fazemos. Mas é claro que o que fazemos influencia nossa identidade. Está tudo conectado. Para mães, pode ser desafiador identificar um Eu fora daquele papel específico. Essa incapacidade de enxergar ou reconhecer o Eu em nossas ações pode ser assustadora, opressiva e vivenciada como uma perda por muitas pessoas. Outras, por outro lado, podem se sentir aliviadas ou plenas com a maternidade – receberam algo que lhes oferece sentido e uma oportunidade de expressarem seu Eu de uma nova forma.

Uma mulher com quem trabalhei falou sobre a dura realidade e a perda de si mesma que enfrentou em consequência de *trair* o parceiro:

> "Sinto que a experiência [da infidelidade] mexeu muito comigo, me fazendo perceber quão falível eu era. E que não era perfeita. E que não era tão boa quanto todo mundo pensava. Isso me tirou do pedestal em que todos me colocavam. E eu estava pronta e disposta, com uma escolha consciente, a violar valores morais fundamentais, e essa foi uma descoberta cho-

cante para mim. E foi... foi uma descoberta dolorosa perceber que eu era igual a todo mundo."

No auge da minha perda de mim mesma, comecei a ter problemas de saúde mental pela primeira vez. Esses problemas fizeram com que eu me sentisse menos conectada com o meu Eu – e com menos vergonha dele. Como uma terapeuta em treinamento podia ter crises de pânico ou (quando as coisas pioravam) episódios de dissociação? Eu lembro que andava até o consultório da minha terapeuta e ficava extremamente angustiada por não conseguir sentir meu corpo nem o chão onde estava pisando. Era como se eu não tivesse mais posse de mim mesma; a desconexão se manifestava em um nível visceral.

Encarar a nós mesmos e à nossa humanidade é a *única* forma de identificar a perda do Eu. Durante a pandemia da covid-19, muita gente vivenciou uma crise de identidade em consequência da ameaça à nossa vida, da alteração drástica na rotina e da limitação de nossas escolhas. Não podíamos mais ir ao escritório, viajar de avião, fazer comemorações ou sair para beber. Muitos de nós perderam empregos ou entes queridos. Aqueles cujo senso de identidade tinha sido sequestrado pelos papéis profissionais ou sociais se sentiram perdidos quando não puderam mais desempenhá-los.

A pandemia provocou um despertar em massa, fazendo as pessoas reconhecerem e avaliarem o relacionamento consigo mesmas ao eliminar expectativas, rotinas automáticas e distrações. Acho que podemos concordar que ficarmos presos em casa, apenas na nossa companhia, foi uma forma impiedosa de realçar o grau em que nosso senso de identidade estava mascarado por outras pessoas ou coisas externas. Isso nos fez perceber a falta de alinhamento e ressonância que tínhamos com nossa vida – muitas pessoas, sem se dar conta, tiveram um primeiro vislumbre da perda de si mesmas.

Regras e modelos de comportamento

Camilla pegou o celular assim que nossa sessão começou. Ela me encarou e avisou que tinha uma coisa que queria ler em voz alta – uma mensagem de família. Esperei, ansiosa, sem saber qual seria o tema daquela sessão. Ela pigarreou e começou: "Regra número um da família: Espera-se que todos os nossos filhos tratem o corpo com recato, abstendo-se de qualquer atividade sexual. Regra número dois da família: Os filhos não podem questionar ou desafiar as decisões tomadas pelos pais. Regra número três da família: Todos os irmãos devem compartilhar com um dos pais qualquer informação que outro irmão esteja escondendo. Regra número quatro da família: A família é, e deve ser, a prioridade número um de todo e qualquer membro. Regra número cinco da família: Tatuagens e piercings não são permitidos. Regra número seis da família: Cafeína, álcool e açúcar não devem ser consumidos com moderação, mas completamente eliminados. Regra número sete da família: Comparecer aos cultos dominicais é obrigatório. Regra número oito..."

Fiquei parada, em choque. Não estava esperando uma lista de regras. A paciente – que tinha 30 e poucos anos, uma carreira bem-sucedida como advogada e morava sozinha – me contou que aquela mensagem era apenas uma versão *atualizada* das "regras da família" e que cada membro deveria responder dizendo que planejava honrar os desejos do pai (o autor da mensagem). Qualquer violação seria punida com a "exclusão das atividades familiares".

A mãe dela tinha sido a primeira a responder, aprovando.

Camilla não disse muita coisa depois que terminou de ler e de repente começou a chorar. Estava frustrada, sem saber como conciliar as exigências da família com sua vida. Ela se sentia puxada em direções diferentes e não conseguia descobrir como manter as várias crenças aparentemente contraditórias com que se identificava. Era impossível agradar a todo mundo, e isso a deixava arrasada.

A experiência de Camilla ilustra que nosso entendimento de quem somos sempre é impactado pelas regras e pelos modelos de comportamento com os quais crescemos. Indivíduos que cresceram em sistemas que davam pouco espaço para expressarem – e consequentemente *serem* – quem são muitas vezes têm problemas com a perda de si mesmos. Se aprendermos que não temos permissão para existir de uma forma diferente da esperada (caso contrário, corremos o risco de ser rejeitados ou abandonados), é provável que busquemos nosso senso de identidade na aprovação.

Embora pouquíssimas pessoas recebam mensagens com regras tão explícitas, quase todo mundo as sente de maneira implícita. Quais regras de família moldaram o modo como você entende o seu Eu? Quais regras estão em conflito com a maneira como você vivencia seu Eu? E, mais importante, como o Eu ou a autenticidade foram demonstrados a você (se é que foram)?

Muitas pessoas cresceram com pais que tinham dificuldade com o próprio senso de identidade e exibiam comportamentos que, hoje, repetem sem perceber. Se não tivermos pais que demonstrem liberdade, responsabilidade, escolha e autenticidade, qual é a probabilidade de sabermos naturalmente como agir dessa forma?

Nossa família é uma "condição imposta"; não podemos mudá-la. Mas cabe a *nós* buscar a incorporação e a unidade com nosso Eu – a antítese da perda de si mesmo – ao reconhecer a possibilidade do que podemos nos tornar e de quais ciclos familiares desejamos quebrar.

Autotraição em relacionamentos

Rollo May, psicólogo existencial e escritor estadunidense, escreveu: "Se você não expressar suas ideias originais, se não ouvir seu próprio Eu, você terá se traído."[38] A "autotraição" não é um diagnóstico clínico, mas o termo costuma ser usado nas comunidades de saúde mental e de autoajuda para descrever quando um indivíduo nega partes do seu Eu (por exemplo, necessidades, pensamentos e sentimentos) em nome de outra pessoa, um emprego, um relacionamento, etc. Basicamente, ela ocorre sempre que preterimos o nosso Eu em favor de algo ou alguém. É quando transferimos a lealdade a nós mesmos para algo externo. A autotraição não tem a ver com ceder em decisões triviais, como qual trem pegar ou a qual restaurante ir, mas com agir de forma a comprometer quem *somos*.

A análise existencial faz uma pergunta importante: "O que se perde quando faço coisas que não são da minha essência?"

A resposta: "*Eu* fico perdido. Perco a mim mesmo. Eu me torno um estranho para mim mesmo."

Às vezes, nossa autotraição toma uma forma extrema: a disposição para fazer algo que nos fere em nome de agradar aos outros ou em uma tentativa equivocada de "segurar" alguém. Muitos de nós têm pavor de ficar sozinhos e estão dispostos a sacrificar qualquer coisa para não enfrentar a solidão. No entanto, em um esforço para ter outra pessoa, perdemos a posse do nosso próprio Eu. André Gide, escritor francês e vencedor do Prêmio Nobel, disse: "O medo de se encontrarem sozinhos – é disso que eles sofrem – e por isso eles não encontram a si mesmos."[39]

A autotraição tira nosso foco do Eu, o que nos leva a encontrar motivação no meio externo. Essa transição é muitas vezes gradual e inconsciente. Talvez comece com uma pequena ação, como dizer *sim* quando queremos dizer *não*, mas pode rapidamente se tornar uma tendência a reagir a pessoas e situações da forma que *elas* querem em vez de agirmos de acordo com *nossas* necessidades. Nossas ações determinam quem nos tornamos e, ao mesmo tempo, revelam a relação atual que temos com nosso Eu (autêntico ou inautêntico).

Vários pacientes já me disseram que alguém com quem convivem não "merece" a autenticidade deles. Minha resposta é sempre a mesma: "Para *quem* você acha que deve dirigir sua autenticidade?" A reação a essa pergunta é muitas vezes uma reflexão silenciosa ou um sorriso atrevido (talvez irritado).

É claro que a autenticidade nos ajuda a criar relacionamentos saudáveis, mas também é a base de uma relação salutar com nosso Eu.

A autenticidade é, acima de tudo, *para nós*. Ainda assim, muitos creem que ela é destinada aos outros. E, por acreditarmos nisso, estamos frequentemente dispostos a sacrificá-la em nome de alguém. No meu consultório e na minha pesquisa, observei que a autotraição ocorre com mais frequência em relacionamentos amorosos (embora relações familiares percam por pouco o primeiro lugar do pódio). Ela pode se manifestar destas formas:

- Mudar quem você é para ser quem seu parceiro deseja
- Negar problemas no relacionamento (mesmo que eles o magoem)
- Calar sua voz/intuição (porque ela ameaça o relacionamento)
- Envolver-se em atos íntimos indesejados (para agradar ao parceiro)
- Aceitar menos do que você merece
- Ceder em relação a suas crenças e seus valores

- Pedir desculpas por atitudes que não são sua culpa
- Esconder suas necessidades
- Ultrapassar os próprios limites só para deixar o parceiro feliz
- Mentir para manter a paz
- Menosprezar a si mesmo para que o parceiro se sinta melhor
- Sacrificar sua autonomia
- Fazer coisas que desrespeitam ou humilham o seu Eu
- Hesitar em defender o seu Eu
- Focar em satisfazer as necessidades do outro em detrimento das suas
- Não valorizar ou investir na sua relação com quem você é (porque seu tempo e sua energia são inteiramente dedicados ao outro)

Atendo muitos pacientes que procuram terapia porque querem fazer o relacionamento funcionar. Mas quando a razão para a terapia parece girar em torno apenas do relacionamento (ou de outra pessoa), fico mais curiosa a respeito da relação que o paciente tem consigo mesmo.

Durante anos, trabalhei com uma paciente, Naomi, uma millennial muito atenciosa, gentil e engraçada. Ela também se sentia insegura e tinha dificuldade de impor limites, se amar e se conhecer. Tinha medo de perder o parceiro, mas, acima de tudo, tinha pavor de ficar sozinha. Por mais difícil, desgastante ou insalubre que o relacionamento fosse, ela nunca pensava em terminar. Naomi não reconhecia o próprio valor a ponto de acreditar que merecia algo melhor ou alguém que estivesse disposto a lhe oferecer isso. Em vez disso, ela continuava com um parceiro que mantinha vários casos extraconjugais e nem tentava esconder, roubava os remédios controlados da mãe dela, gastava as economias do casal de forma impulsiva, desaparecia por dias sem dizer aonde estava, nunca a apresentava aos amigos e parecia não ter quase nenhum interesse em intimidade física.

Naomi levou anos até perceber que continuar naquela relação era autotraição. Com o tempo, ela conseguiu reconhecer que, por mais que tentasse ser a parceira "perfeita" e "ganhar" a atenção e o amor do parceiro, ele era incapaz de lhe dar essas coisas. Ela se dedicava muito e não pedia nada em troca. E este é o xis da questão da generosidade: *Esforço e lealdade sem limites podem se tornar uma forma de autotraição.* Naomi não apenas comprometeu seu Eu em nome do relacionamento como também não fazia mais ideia de quem era. A triste realidade é que muitas pessoas se veem em situações em que precisam decidir entre duas pessoas – e uma delas é o próprio Eu.

Além de querer segurar alguém, há outros motivos pelos quais podemos fazer coisas que não estão alinhadas com quem somos:*

- Não temos autoconsciência.
- Somos seduzidos, coagidos, forçados ou pressionados.
- Nós nos sentimos na obrigação (por um senso de lealdade, valores morais ou uma estrutura de crenças).

Às vezes, é uma combinação de todos esses motivos.

Jonah se casou com a namorada do mestrado porque ela lhe deu um ultimato no dia da formatura: ou casa ou termina. De acordo com ele, a decisão de se casar foi "cognitiva", não baseada no sentimento (e, como sabemos, o consentimento interior não é meramente cognitivo!). Quando perguntei por que resolveu se casar, Jonah revelou que o senso de responsabilidade e o medo da solidão pesaram mais do que o que ele sentia pela namorada

---

* Esta lista foi tirada de um workshop ministrado por Längle.

e pelo relacionamento. Admirei o fato de ele assumir a responsabilidade pela decisão.

"Mas eu diria que fui um agente voluntário que contribuiu para minha autotraição. Em retrospecto, se tivesse feito escolhas diferentes em momentos diferentes e tivesse sido mais sincero comigo mesmo, eu teria tomado outras decisões em vez de decidir em nome da minha preocupação e do meu afeto [pelos outros]. Eu devia ter sido mais rígido na época, e provavelmente não devíamos ter nos casado. Só que eu me senti obrigado. E achei que deveria dar prioridade aos sentimentos dela... Na época, pensei que era uma decisão ponderada. Porque, mesmo não me sentindo 100% bem a respeito, era a coisa certa a ser feita."*

A autotraição é uma forma de inautenticidade. É importante que façamos a seguinte pergunta: "Como eu me sinto quando faço coisas que não apoio?" Em outras palavras, como você se sente quando concorda em fazer algo que não está alinhado a quem você é ou quando se sente forçado a fazer por um senso de "retidão" ou moral?

O que sentimos envolve o seguinte:**

- Controle (e submissão a um poder "externo")
- Falta de presença no momento atual
- Vazio
- Perda de tempo
- Falta de conexão com nosso Eu durante esses atos

---

* Esta citação foi transcrita literalmente de entrevistas que conduzi durante minha pesquisa de mestrado.
** Esta lista foi tirada de um workshop ministrado por Längle.

Seja comparecer a um evento de família, trabalhar nos fins de semana ou rir de piadas ofensivas, sabemos, lá no fundo, que são situações em que não podemos dar nosso consentimento interior, pois nos afastam do nosso Eu. Muitas vezes, o que dói mais na autotraição é nossa *participação*. É doloroso encarar nossas próprias ações e, por mais que desejemos jogar a responsabilidade nos outros, a culpa, no fim das contas, é nossa.

Um desejo de se perder

Por fim, há mais uma causa ou razão para a perda de si mesmo: *Nós QUEREMOS nos perder.* Manter uma relação saudável com o nosso Eu é fundamental, gratificante e libertador, mas também é *difícil*. Algumas pessoas não querem carregar esse fardo. Elas se reconfortam com o autoengano, a ignorância ou o desempenho de um papel. Não querem que nada mude em sua vida e não querem precisar mudar. Indivíduos que acham a vida absurda e inerentemente sem sentido às vezes nem tentam colher os benefícios do livre-arbítrio, da escolha e da responsabilidade – apenas optam pela satisfação que resulta do hedonismo ou pelo conforto que vem com a perda.

NOSSO PAPEL: COMO PARTICIPAMOS DA PERDA DE NÓS MESMOS

Eu não tinha percebido o papel que desempenhei na perda de mim mesma até começar a fazer terapia, logo após meu ataque de pânico na Califórnia. Toda vez que entrava no consultório, meu maxilar relaxava e a tensão nos ombros era liberada. Eu me sentia segura, algo raro para alguém que não estava alicerçada no próprio Eu. No instante em que afundava no divã, começava a confessar. Mais para mim mesma do que para a terapeuta. Proferia pensamentos que pareciam ameaçadores ou opressivos demais para serem expressos quando estava sozinha. Era a única hora da semana em que eu permitia que meu Eu se rendesse, o que às vezes me parecia semelhante a estar perdendo o controle.

Mas se render não é perder o controle. É renunciar à *ilusão* de controle e responder às questões e demandas da vida com curiosidade e receptividade. Para enfrentar a perda de nós mesmos, identificar sua causa e explorar o papel que desempenhamos nela, é importante preencher três pré-requisitos:

1. **Autoconsciência.** A autoconsciência é nossa capacidade de *enxergar* nosso Eu e entender como funcionamos no mundo, geralmente por meio de introspecção e reflexão. A autoconsciência requer a observação constante de nossas emoções, nossos pensamentos e comportamentos para sabermos como estamos vivenciando a vida, os relacionamentos e nosso Eu.

   A autoconsciência nos permite encontrar nossa individualidade e nossa autenticidade. É importante compreender, porém, que a consciência não se limita a reconhecer o que é bom; envolve encarar nossos erros, defeitos e dificuldades. Irvin D. Yalom, um renomado psiquiatra existencial estadunidense, afirma: "O desespero é o preço que se paga pela autoconsciência. Se examinar sua vida a fundo, você sempre encontrará o desespero."[40] Por quê? Porque a existência sempre vem acompanhada do desespero, e a consciência sempre lança luz sobre ele. É por isso que tantas pessoas continuam em negação e ignorância voluntária – querem evitar os sentimentos de tristeza e dor. E também é por isso que tanta gente permanece inconsciente de que se perdeu e cega para o papel que desempenha no próprio dilema.

2. **Honestidade.** Encontrar a si mesmo só é possível se você for honesto a respeito do que observa e vivencia. É preciso praticar a honestidade sobre o que e quem você *enxerga*. E é necessário aprender a ser honesto não apenas *com* você mesmo mas também *sobre* si. A honestidade exige a prática de encarar a verdade, mesmo que seja desconfortável.

Precisamos parar de fingir que não ficamos magoados com as coisas que nos magoam. Precisamos parar de fingir que não queremos as coisas que queremos. Precisamos parar de fingir que nossas ações não têm consequências. Precisamos parar de fingir que não somos responsáveis pela vida que temos. Precisamos parar de fingir que não temos liberdade de escolha (seja grande ou pequena). Precisamos parar de fingir, e precisamos praticar a honestidade.

3. **Segurança.** "A verdadeira pergunta é: quanta verdade sou capaz de aguentar?"[41] Yalom expõe um argumento interessante aqui. O peso da honestidade só pode ser carregado pela *escolha*. Quando não escolhemos a verdade, ela pode se tornar esmagadora, desgastante ou até destrutiva; pode se transformar em algo que não conseguimos suportar. Temos que nos sentir *seguros* o bastante para "aguentar" ou coexistir com a verdade.

Se tivermos problemas com a honestidade, não devemos romper nossa negação, e sim encontrar formas de, primeiro, aumentar nossa sensação de segurança. Quando não temos segurança no nosso Eu, costumamos sentir a necessidade de controlar tudo e todos para naturalizar supostas ameaças. Eu recorria à minha terapeuta para me amparar e me proteger dos meus pensamentos dolorosos. Precisei dela até que, em dado momento, passei a ter o meu Eu; confiei em meu Eu o suficiente para não desmoronar ao encarar minha realidade. Levei algum tempo para aprender a arte de me render, e a encontrei na percepção de que a linha tênue entre se render e estar fora de controle é a *segurança*. Isso não é motivo nem desculpa para evitar a verdade. Não encarar nosso Eu tem consequências igualmente dolorosas. Então, se o ato de evitar não é a solução, qual é? *Paciência*. No meu trabalho clínico, percebo que, à medida que o tempo passa, meus pacientes se dispõem a aceitar mais e mais a própria verdade. O nível dessa disposição é diretamente proporcional ao grau de intimidade, segurança e confiança que eles têm consigo mesmos.

Taylor era um paciente que manifestava mecanismos de enfrentamento particularmente insalubres e prejudiciais. Passamos meses analisando a história de vida dele e, embora houvesse sinais claros de traumas na primeira infância, ele nunca trouxe isso à tona. Teria sido fácil instigá-lo a falar sobre esse tema, mas decidi não fazer isso. Em dado momento, depois de um tempo, Taylor confirmou minhas suspeitas ao contar uma experiência traumática da infância que ainda tinha dificuldade de admitir que havia acontecido. Meu trabalho era nunca empurrar a verdade goela abaixo antes que ele pudesse suportá-la. Minha tarefa era ajudá-lo a aumentar a autoconfiança e a segurança interna para que ele pudesse *escolher* encará-la. Em última instância, *nós* somos as únicas pessoas que podem decidir quanto conseguimos aguentar. Precisamos encontrar o próprio ritmo.

Segurança e confiança não podem ser dissociadas, porque uma não existe sem a outra. Há muitas experiências de vida que podem desafiar nossa *confiança fundamental*. "Confiança fundamental" é um termo da análise existencial que se refere à base do nosso próprio Ser; o que percebo como o apoio sem o qual não conseguimos viver. A fundação pode nos ajudar a confiar na nossa capacidade de existir no mundo, de forma plena e autêntica. Independentemente do que estejamos enfrentando, do que tenhamos feito ou do que tenham feito conosco, todos encaramos a seguinte pergunta:

O que fundamenta minha confiança? Ou, em outras palavras: *Qual é a base da minha confiança?*

Há três respostas comuns:

1. Eu mesmo e minha própria vida
2. Alguém ou algo
3. Deus ou algum princípio maior e mais abrangente

No fim das contas, nossa capacidade de fundamentar nossa confiança cria a segurança interna necessária para praticarmos a consciência e a honestidade. Nossa confiança fundamental nos permite reconhecer o papel que desempenhamos na perda de nós mesmos. Existem três tipos de papéis que podemos desempenhar:

1. **Uma vítima:** alguém que vivencia a perda de si mesmo como uma consequência de acontecimentos fora de seu controle (por exemplo, um trauma) que rompe seu senso de identidade. É importante observar que não acredito que possamos ser vítimas da perda de nós mesmos no longo prazo (veja o item 3), pois há contextos que nos aliviam de nossa responsabilidade de forma permanente.
2. **Um agente:** alguém cujas próprias decisões levaram à perda de si mesmo (por exemplo, autotraição).
3. **Ambos (vítima e agente):** um indivíduo que vivenciou acontecimentos fora de seu controle que romperam seu

senso de identidade, mas que também tomou decisões que perpetuaram a perda de si mesmo.

A maioria das pessoas se enquadra na terceira categoria.

É por isso que, na primeira sessão com meus pacientes, começo com a mesma atividade, um exercício que me ajuda a saber mais sobre como a pessoa enxerga e vivencia (ou não) o seu Eu. Chama-se *Linha da vida** e funciona de um jeito bem simples: o paciente deve me contar todos os acontecimentos significativos de sua vida, do nascimento até o presente momento (eu disse que era simples, não fácil!). As experiências não precisam ser "objetivamente" relevantes, mas devem ser as que se destacam para *o paciente*. Já ouvi de tudo – de ser mandado para a cama com fome até lembranças divertidas nadando com o papai –, e o mais maravilhoso é que não importa qual foi o acontecimento, e sim o significado que o paciente atribuiu às situações; o reconhecimento de que esses eventos *moldaram* quem ele é.

Quer tentar? Num pedaço de papel, trace uma linha na horizontal. No começo da linha, escreva "zero" e, no fim, escreva sua idade atual. Então, para cada acontecimento, trace uma linha vertical (para cima ou para baixo, dependendo se a situação foi positiva ou negativa), registre sua idade, descreva o acontecimento em uma frase e escreva uma palavra que resuma o impacto ou o sentimento. Esse é um ótimo exercício para refletir sobre sua própria existência, seus padrões, relacionamentos, resiliência, feridas, momentos de definição. Veja o que acontece. Veja se você compreende melhor quem você é, mesmo que esteja se sentindo

---

* Aprendi essa atividade da terapia cognitivo-comportamental (TCC) com meu supervisor de estágio na primeira semana de atendimento. Desde então, adaptei-a para torná-la mais personalizada para mim e para cada um de meus pacientes.

um pouco perdido agora. Lembre-se de que você talvez não entenda seu Eu porque talvez não entenda todas as circunstâncias que o levaram a ser quem é hoje. Pare um pouco e reflita sobre todos os momentos – grandes e pequenos – que o guiaram até o lugar onde você está *neste exato instante*.

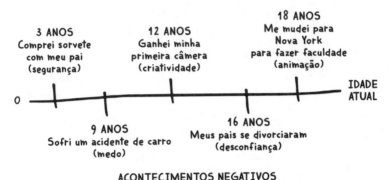

PRECISAMOS SER OS PROTAGONISTAS DA NOSSA VIDA

Por favor, tenha paciência mais uma vez enquanto ilustro um ponto importante por meio de uma cena de uma comédia romântica popular, desta vez *O amor não tira férias*, com Kate Winslet e Cameron Diaz.[42] Uma cena em que Iris (uma das personagens principais, que sofre por um amor não correspondido, interpretada por Winslet) está conversando com o novo amigo, Arthur Abbott (um famoso roteirista que tem cerca de 90 anos) sobre a vida. Ele a escuta com cuidado e, então, responde:

ARTHUR: Iris, nos filmes temos as protagonistas e a
melhor amiga. Você, posso dizer, é uma protagonista,

mas, por algum motivo, está se comportando como a melhor amiga.

IRIS: Você tem razão. A gente deve ser a protagonista da própria vida, caramba! Arthur, eu vou a uma terapeuta há três anos, e ela nunca me explicou uma coisa tão bem. Isso foi brilhante. Duro, mas brilhante.

Você sabe quem é o protagonista da *sua* vida?

Imagine ver um filme *sem* a personagem principal. Como seria confuso acompanhar a trama ou entender de verdade a narrativa, o contexto ou o ponto de vista do filme. Da mesma forma, na vida, deixamos de entender o que nossas ações, decisões e emoções significam de verdade se não estivermos conectados com nosso Eu; se não enxergarmos nossa vida única e singular como um filme significativo e real em que atuamos.

Ser o protagonista da própria vida – da sua história – não significa ser autocentrado; é ter autoconsciência e sintonia consigo mesmo. E é só por meio das nossas *ações* que transformamos autoconsciência em sintonia com nós mesmos.

Um ano após começar minha terapia, eu me lembro de estar sentada em uma varanda, com o diário na mão, chorando de frustração por não saber o que havia de errado comigo ou por que ainda não tinha me "curado". Eu tinha feito tudo o que achava que precisava fazer: havia largado meu casamento infeliz, começado a fazer terapia, mantido um diário e viajado. Fizera todas as mudanças que conseguira imaginar, então por que ainda estava sofrendo? Por que ainda estava perdida?

Naquele momento da vida, eu sentia pressa em purgar *toda* a minha dor, curar tudo, *imediatamente*. Estava "corrigindo" todos os grandes erros que tinha cometido, mas ainda não encontrara o meu Eu por completo. Agora, vejo que eu queria reconhecer minha essência, mas sem chegar muito perto dela (o que, devo observar, é impossível). Eu já estava pronta para acabar o "trabalho", que na verdade estava apenas começando (e eu mal sabia que ele nunca terminaria).

Mesmo após um ano de terapia intensiva e mudanças de vida intencionais, eu não conseguia dar consentimento interior à minha vida. Demorei muito para alcançar isso. *Ainda assim*, o tempo que gastei reconstruindo uma relação com meu Eu não foi perdido. Quero que você saiba que, caso se sinta tateando no escuro, *ainda assim* esse período tem um valor profundo e é importante – não é um desperdício. *Aprender* a viver como Eu mesma era a lição e era o objetivo em si.

Talvez você já tenha tentado cultivar seu senso de identidade escutando ou agradando os outros. Talvez soubesse quem era, mas tenha perdido isso de vista no meio do caminho. Talvez tenha vivenciado algo que o fez se sentir como uma versão diferente de si mesmo. Talvez a vida nunca tenha lhe dado o espaço necessário para descobrir quem você é – ou talvez você nunca tenha se importado com isso. Seja qual for o motivo de estar vivenciando as consequências da perda de si mesmo, você *pode* fazer algo a respeito.

Ganhamos certo poder ao saber que moldamos versões anteriores de nós mesmos (mesmo que elas não nos sirvam). Por quê? Porque isso significa que temos a capacidade de moldar quem queremos nos tornar.

Sem dúvida, a vida não é *apenas* se concentrar no seu Eu, mas não há nada de errado em pensar em si mesmo, se priorizar e até se amar. Também quero – preciso – que você saiba que não há outra forma de existir de verdade.

A DURA VERDADE

Se você não for honesto a respeito da história que o trouxe até aqui, você nunca mudará a narrativa.

LEMBRETE AMIGÁVEL

Seja o protagonista da sua própria vida.

CAPÍTULO 5

Como a sociedade perpetua a perda de si mesmo?

Sam beirava os 40 anos quando apareceu no meu consultório. Ela estava sofrendo muito, mas quase ninguém conseguiria perceber (apesar de ela frequentar a terapia). Durante nossas primeiras sessões, ela se apresentou como uma paciente "ideal": sempre pontual, me cumprimentando com entusiasmo e perguntando sobre meu dia, fazendo o "dever de casa" e expressando seus argumentos de forma eloquente e clara. Era maravilhosa – e logo comecei a temer que aquilo fosse performático. Não descartei o esforço dela como algo falso, mas tive receio de que Sam sentisse que precisava fazer ou *ser* certas coisas para corresponder a expectativas ou simular ser uma "boa" paciente.

No começo do nosso trabalho juntas, percebi que ela pedia desculpas sempre que chorava ou xingava – expressando a preocupação de que seu comportamento não fosse adequado. Logo fiquei curiosa a respeito das expectativas e "regras" que pareciam orientar a vida, as interações e, principalmente, o senso de identidade dela.

Uma das muitas maravilhas de uma relação terapêutica é o espaço singular para que o paciente imite ou espelhe sua vivência com outras pessoas – muitas vezes, de forma inconsciente. Esse processo permite que o terapeuta entenda aos poucos como o paciente se apresenta e se relaciona com os outros e como vivencia o próprio mundo interior. Com Sam, não consegui me livrar da sensação de que ela estava indo à terapia com um "roteiro" pronto que usava com todas as pessoas com quem convivia. Ainda que não pudesse ter certeza, eu sabia de uma coisa: não estava *enxergando* Sam de verdade. À medida que começamos a conversar sobre a criação dela, fomos aos poucos trazendo à luz estruturas culturais e religiosas muito rígidas. Seus pais adotivos haviam enfatizado a importância da obediência e do altruísmo acima de tudo. Esses eram os dois princípios que tinham guiado a vida de Sam... e a arruinado. Todo o roteiro dela se resumia a uma exigência, uma imposição específica e, infelizmente, comum: *Seja uma "boa menina"*.

Para Sam, isso significava que seu valor vinha de ser útil, necessária ou desejada pelos outros. Pediam que ela se valorizasse, mas ficasse em silêncio quando seus limites eram ultrapassados. Ensinaram que ela precisava sorrir e esconder suas feridas, seus sentimentos e seu poder. Esperava-se que sempre desse mais do que recebia. Ela incorporava o que os *outros* precisavam que ela fosse. Ela deveria ser atraente, mas inocente; sexy, mas não sexual. Sam aprendeu que o prazer era algo que ela deveria oferecer, não receber. Esperava-se que ela conquistasse muitas coisas, mas nunca se gabasse delas (porque o orgulho é indecoroso!). Ela vivia arrumada – o corpo, o formato e o peso dentro dos padrões da época. Pediam que fosse autoconfiante, mas que isso não ameaçasse os outros. Sam era bem-educada, articulada e culta, mas esperava-se que muitas vezes se abstivesse de dizer o que pensava. Ela não retrucava ou confrontava os outros e, mais do que tudo, como uma boa menina, fazia o que mandavam.

Mesmo aos 30 e tantos anos, casada e com três filhos, Sam ainda seguia essas regras. Isso porque não há data de validade para a submissão; não existe uma idade definida em que a sociedade nos liberta. Agressões na forma de pressão dos pares, humilhação e expectativas persistem ao longo da vida toda, tomando novos formatos para refletir as diferentes fases.

Atender às expectativas definidas pela sociedade dava a Sam um senso de realização e momentos fugidios de aceitação. Foi só quando entendeu a inautenticidade em que estava imersa que ela percebeu a responsabilidade, as escolhas e o poder a que tinha renunciado sem saber.

Certo dia, após cerca de um ano de terapia, Sam entrou toda empolgada no consultório, exclamando: "Você vai ficar tão orgulhosa de mim!" Na verdade eu já sentia orgulho dela toda semana, mas fiquei curiosa a respeito do que ela ia me contar. (Além disso, "boas meninas" não costumam elogiar a si mesmas, então me empolguei com a direção que aquilo estava tomando.) "Impus um limite *pela primeira vez na vida*. Tenho 39 anos e nunca tinha colocado um limite até hoje!"

Sam estava certa; fiquei orgulhosíssima.

O chefe tinha pedido que ela assumisse uma responsabilidade que não cabia a ela e participasse de reuniões após o horário de expediente (apesar de ela nunca receber pelas horas extras). Antes, ela executava o que lhe pediam sem nem piscar, mas, naquele dia, disse: "Cumpri minha carga de trabalho máxima e não vou estar disponível para a reunião das sete da noite." E, para sua surpresa, o mundo não acabou.

Daquele momento em diante, Sam começou a questionar o que queria dizer ser uma pessoa "boa". Não apenas o que a família dela considerava mas também o que esse rótulo significava para a sociedade. Ela questionou por que cresceu sendo recompensada pela obediência cega (e subserviência ao patriarcado). *Quem* tinha escolhido a pessoa que ela se tornou? Onde estava seu livre-arbítrio (ela realmente o perdera ou nunca tivera a oportunidade de usá-lo)? Como ela havia conseguido se mesclar ao "*eles*" da sociedade sem perceber?

Com certeza Sam não está sozinha. Heidegger escreveu sobre esse fenômeno de se perder no "eles" da sociedade.[43] Se prestarmos bastante atenção, vemos como marcas, instituições, famílias, etc. muitas vezes tentam nos "aliviar" do fardo de fazer escolhas no dia a dia. Em dado momento, podemos até ficar em dúvida sobre quem tomou nossas decisões. *Como chegamos aqui? É isso que queremos? É isso que somos?* É fácil ser levado pela sociedade, abrindo mão da própria autonomia e afundando na lama da inautenticidade (ou, pior ainda, da perda de si mesmo). De acordo com Heidegger: "Esse processo pode ser revertido. [...] Isso precisa ocorrer ao compensarmos o que não escolhemos."[44]

Em outras palavras, na nossa sociedade, não sentimos mais a responsabilidade de escolher quem nos tornamos. Isso já foi "decidido". Passivos, acabamos moldados pela sociedade. A sociedade nos dá *permissão* para sermos inautênticos – o que nos deixa ainda mais perdidos. Podemos *ser* nós mesmos quando reconhecemos a diferença entre "eu" e "eles" e nos tornamos participantes ativos da criação de quem somos.

Todos nós gostaríamos que os outros – "eles" – nos apoiassem, mas, em vez disso, nos sentimos desincentivados e traídos pelas pessoas ao nosso redor. Agora, tentamos desesperadamente desaprender as várias lições que eles nos ensinaram sobre quem devemos ser. E esta é a dura verdade que não podemos ignorar: somos todos parte do "eles" da sociedade. Todos nós já agimos como o "eles" com alguém. Nossas ações não apenas nos moldam como também podem ter um verdadeiro impacto em quem está à nossa volta. Todos já fizemos, ensinamos ou demonstramos coisas aos outros que eles vão precisar desaprender ou das quais vão ter que se curar.

Como sociedade, conhecemos pessoas e tendências às quais aspirar. No entanto, muitas vezes essas coisas não se alinham com a nossa essência. Aceitamos tudo porque queremos pertencer ou, às vezes, porque não estamos dispostos a descobrir o que, de fato, está alinhado conosco (e, por isso, acabamos perpetuando o problema para gerações futuras). Para Sam, a parte mais difícil foi *reconhecer* que seus "círculos íntimos" – além da sociedade como um todo – tinham participado, e se beneficiado, de sua perda de si mesma. E, a partir do momento em que ela se tornou quem eles precisavam que ela fosse, Sam os livrou da responsabilidade por suas ações (ela sempre fingia que estava tudo ótimo) e os ajudou a proteger as próprias narrativas sobre que tipo de genitores a mãe e o pai eram (ela nunca construiu uma narrativa própria). E eles usaram os talentos, o altruísmo e as habilidades da filha para melhorar suas vidas (Sam aprendeu que tornar a vida dos pais mais fácil tinha que ser uma de suas prioridades).

Eles se apoiavam nela, mas não se preocupavam em conhecê-la.

E Sam não é a única nessa situação. Muitos de nós carregamos nossa própria versão do que é ser "bom" em vez de sermos *nós mesmos*. Somos incentivados a ser uma boa menina, um bom vizinho, um bom fiel, uma boa funcionária, uma boa aluna, um bom filho/filha/mãe/pai, etc. Também começamos a atribuir implicitamente valores morais a rótulos. Isto é, quando fracassamos, nos recusamos a entrar na linha ou não correspondemos às muitas expectativas, somos considerados "ruins"; quando obedecemos e nos comportamos, somos considerados "bons". O sistema não foi criado para favorecer a autenticidade, e os indivíduos que conseguem incorporá-la muitas vezes sofrem críticas moralistas, resistência social e, em alguns casos, condenação. E isso começa na infância. Os adultos diziam que estávamos "errados" ou que precisávamos "mudar" enquanto crianças mesmo antes de termos a chance de formar nossa personalidade. Fomos classificados como "ruins" por explorar, expressar e colorir fora das linhas. Desde pequenos, tivemos que escolher entre a conformidade e a rejeição.

Não me entenda mal, a necessidade de ser aceito é normal, e não devemos vilanizar isso. Mas escolher de quem buscamos e recebemos aprovação é a chave para a nossa liberdade.

PRÉ-REQUISITOS PARA DESENVOLVER O SENSO DE IDENTIDADE

Rollo May disse: "Todo ser humano precisa chegar a um momento da vida em que se posiciona contra a cultura, em que diz: este sou eu e a porcaria do mundo pode ir para o inferno."[45]

Essa é uma mentalidade tentadora e empolgante, mas irrealista.

Embora não possamos nos render à inautenticidade incentivada pelas estruturas sociais, também não podemos ignorá-la por completo.

Na análise existencial, enxergamos o Eu em termos de dois polos ("espelhos") – interior e exterior – que são importantes para a visão que temos de nós mesmos. O *polo interior* reflete como vivenciamos nosso Eu *e* avalia quanto nosso reflexo "exterior" está de acordo com nossa própria avaliação. O *polo exterior* mostra que partes do nosso Eu estão sendo refletidas pelos relacionamentos, resultados e sucessos, por exemplo. Então devemos mais uma vez refletir sobre quem somos e se a reflexão exterior está de acordo com nosso novo entendimento. É um círculo, um ciclo. Sem o polo externo, podemos nos tornar presunçosos, prepotentes ou narcisistas. Sem o polo interno, podemos ficar *perdidos*. Em suma, como Längle disse certa vez em sala de aula, "não existe Eu sem o *outro*". Todos precisamos de um espelho para enxergar quem somos. Mas o que acontece quando a imagem está distorcida?

Imagine que você está se arrumando para um evento importante. Sai de casa se sentindo confortável e confiante – secretamente ansioso pelo que os outros vão dizer ou pensar quando o virem. Ao chegar, logo percebe que ninguém o olha no olho. As pessoas parecem passar por você com pressa, lançando olhares constrangidos e, às vezes, até dando risadinhas. Você olha para si mesmo, mas tudo parece estar no lugar certo. Minutos depois, uma criança corre na sua direção e pergunta: "Por que você está vestido assim? Parece um bobo." Horrorizado, você corre até o banheiro e se olha no espelho de corpo inteiro – mas só vê a *si mesmo*. Não consegue enxergar o que os outros parecem estar vendo. Você toma coragem para pedir que a pessoa ao seu lado, que claramente o está julgando, descreva sua roupa. Ela o observa de cima a baixo e, com uma expressão de desdém, diz: "Uma fantasia de palhaço."

O que acontece quando agimos de forma autêntica, mas não aceitável? O que acontece quando o modo como enxergamos o nosso Eu não é como os outros nos enxergam? Essa incongruência perturba nossa compreensão de quem somos; nos faz questionar o que "vemos"; e, nos casos mais graves, nos faz agir de uma maneira que corresponda a como os outros nos enxergam. *Se vocês veem um palhaço, então vou ser um palhaço.* A busca e a criação do Eu se tornam mais difíceis se os outros sempre exigirem, recompensarem e refletirem versões inautênticas de nós. E se nossos mentores, ídolos ou comunidade tiverem noções preconcebidas de quem devemos ser?

Em diferentes áreas da vida, essas exigências podem se parecer com:

- **Sistema familiar:** "Seja você mesmo apenas se não divergir das normas; e continue seguindo as regras da família."
- **Instituições:** "Seja você mesmo e 'pense fora da caixa', mas não questione o sistema."
- **Marcas:** "Seja você mesmo, mas só desse jeito bem especí-

fico (que você pode alcançar ao comprar estes produtos ou adotar estas ideias)."

- **Amigos:** "Seja você mesmo, desde que seja igual a nós."
- **Comunidade:** "Seja você mesmo, desde que isso não nos incomode ou desafie."

Mas o perigo da perda de si mesmo não reside apenas no fato de talvez sermos totalmente ignorantes a respeito de quem somos. Heidegger disse que "interpretações falhas, mal-entendidos, são obstáculos muito mais resistentes à cognição autêntica do que a ignorância total".[46]

No dia a dia, temos diversas oportunidades para entender ou interpretar nosso Eu de maneira errônea. Nós, humanos, possuímos uma habilidade impressionante de alterar, mascarar e adaptar quem somos para satisfazer estruturas familiares, comunidades, relacionamentos e qualquer outra necessidade ou exigência de determinado contexto. Por causa dessa capacidade – e, muitas vezes, disposição – de editar a nós mesmos, podemos criar muita confusão interna. Quando nossas ações são incongruentes com a forma como enxergamos nosso Eu ou com o que acreditamos ser certo e errado, acabamos questionando quem somos.

Para entender de modo profundo nossa diferenciação, relevância e nosso sentido – e incorporar nosso Eu autêntico –, precisamos de três pré-requisitos: *atenção, valorização e justiça*. Muitas vezes, a sociedade oferece essas coisas de uma maneira que reforça quem *ela* quer que sejamos em vez de reforçar quem *nós* somos. Infelizmente, nossas comunidades nem sempre são inclusivas, portanto não é seguro que todo indivíduo *seja* quem é. A sociedade oferece, sim, atenção, valorização e justiça, mas não a todos e não de forma igualitária.

Então o que podemos fazer para ser nosso Eu em uma estrutura tão disfuncional?

Primeiro, precisamos encontrar um espelho claro dentro da sociedade – pessoas que estejam *dispostas* a nos conhecer o suficiente para nos oferecer um reflexo preciso e nos dar permissão para sermos nosso Eu. Pessoas que estejam dispostas a nos *enxergar*. E cabe a nós selecionar *quem* queremos que nos impacte (porque é inevitável que alguém ou algo o faça – para o bem ou para o mal).

Em seguida, temos que estar abertos a aceitar atenção, valorização e justiça dos outros *e* oferecê-las a nós mesmos. É isso que torna o processo difícil; precisamos receber essas coisas interna *e* externamente. O relacionamento mais importante da sua vida é com o seu Eu, mas isso não independe dos outros. É nossa responsabilidade sermos zelosos ao nos cercarmos de outras pessoas. Assim, podemos decidir *de quem* queremos atenção, valorização e justiça, e o que fazer com isso. É muito mais do que uma questão de preferência; é sobre *moldar nossa existência*. Escolher de quem se cercar é, em certo nível, escolher quem você deseja se tornar.

Vamos analisar os três pré-requisitos:[47]

Atenção

Todos nós temos a necessidade de ser *vistos*. A atenção – ou termos alguém que reconheça e valide que, de fato, existimos – é essencial para nossa existência. Se fomos privados de atenção genuína, se fomos negligenciados, podemos nos contentar em ser meramente *notados*. A diferença entre ser notado e receber atenção é parecida com a diferença entre *olhar* e *ver*. Podemos olhar uma coisa sem registrá-la ou entendê-la, ao passo que ver requer olhar com intenção; ver exige *compreensão*. A *verdadeira* atenção requer que sejamos percebidos, *conhecidos* e *reconhecidos* pelo que realmente somos, por pessoas que nos conhecem.

Isso ocorre quando elas nos veem de uma forma que se alinha com a maneira como enxergamos o nosso Eu (com nossos pontos fortes, falhas, experiências e tudo o mais). Em outras palavras, só vivenciamos a atenção genuína quando a pessoa está em sintonia com quem somos de verdade – quando a compreensão dela sobre nós reflete o modo como entendemos nosso Eu. (Dica: *Se você tiver dificuldade de diferenciar a atenção genuína do ato de ser notado, em vez de se questionar "Ele está prestando atenção em mim?", troque para "Ele está em sintonia com quem eu sou? Sinto que ele me conhece?".*)

Os "carentes de atenção" em geral não são indivíduos com ego inflado, e sim com um senso de identidade precário – estão em busca de que outros definam ou validem o seu Eu. Mais uma vez, muitos de nós não crescem tendo as emoções, as necessidades, os desejos ou as opiniões ouvidas ou percebidas. Isso desenvolve uma mentalidade de escassez, o que nos leva a competir por atenção. Nossa ferida em comum criou uma cultura que nos força a exibir nossas diferenças, dores e vulnerabilidades em uma tentativa de sermos "interessantes" o bastante para que os outros nos notem em meio a toda a bagunça.

Quão devastador é viver em um mundo como esse, onde o valor não está em sermos nosso Eu, mas na capacidade de chamar e manter a atenção de outra pessoa! E tem mais: quando somos enfim notados – quando os algoritmos estão favoráveis – por um desconhecido, por aquele colega aleatório com quem estudamos na escola ou por aquele sujeito que conhecemos no bar, a conexão é tão rasa quanto a satisfação fugidia que a acompanha. É um ciclo infinito de desapontamentos.

Em última instância, a *única* forma de nos sentirmos compreendidos pelos outros é compreendendo o nosso Eu. O ônus é nosso e, insisto, nem sempre é fácil (na verdade, *em geral* não é fácil). Manter-se sempre ocupado se tornou uma forma admirável de evitar o Eu. Sermos nosso Eu exige ignorar o barulho, as exigências e as expectativas para que possamos ficar quietos e presentes. Significa superar a tentação constante de fugir, ignorar ou nos anestesiar em relação às nossas vivências. *A verdadeira atenção para consigo mesmo requer autopercepção.* Requer que estejamos conscientes e atentos para que, por fim, possamos vivenciar plenamente quem somos.

Queremos que os outros nos enxerguem como enxergamos o nosso Eu. Mas isso só é possível se *nós* soubermos como aparentamos. Caso contrário, acabamos mostrando uma imagem incoerente que as pessoas não conseguem compreender. Por sua vez, elas vão refletir de volta uma imagem fragmentada ou projetada. No entanto, a maioria das pessoas aceita o que conseguir, porque *um indivíduo que busca atenção desesperadamente é apenas um ser humano com uma necessidade não suprida de ser visto.*

As redes sociais, por exemplo, prometem suprir essa importante necessidade humana de ser visto e, muitas vezes, transmitem a sensação de que cumprem essa promessa. Só que essa sensação logo passa. Na verdade, as redes sociais oferecem oportunidades ilimitadas de sermos *notados*; oferecem atenção sob a forma de elogios e validação da nossa aparência, do conteúdo que produzimos ou do entretenimento que proporcionamos. O usuário percebe que você existe, mas não reconhece quem você realmente é (e seria difícil fazer isso nesse tipo de contexto). Esses ambientes e plataformas começam a moldar quem nos tornamos pelo simples fato de reforçarem certos aspectos de quem somos e ignorarem outros. E, em determinado momento, começamos a fazer a mesma coisa, distorcendo ainda mais nosso senso de identidade.

Pouco antes de abrir minha conta no Instagram, consultei uma colega terapeuta que tinha começado a jornada nas redes sociais havia mais tempo. O conselho que ela me deu foi encontrar minha voz e me apropriar dela. Foi interessante – e esquisito – pensar no que aquilo significava. *Qual é a minha voz?* Quanto mais eu tentava deixá-la perfeita, mais confusa eu ficava.

Em certo momento, eu parei de perguntar "Como Sara, 'a terapeuta', deveria ser?" e indaguei "O que descreve este momento e/ou este fenômeno de uma forma que *eu* entenda?". Comecei a fornecer as informações do modo como eu as via e entendia e, sem perceber, ofereci às pessoas vislumbres do meu verdadeiro Eu. Não era mais uma noção de identidade preconcebida que eu estava tentando captar em nome dos outros. Não era mais uma tentativa de ser quem eu imaginava que os seguidores estavam buscando. Passou a ser uma questão de *alinhamento*.

Em suma, parei de perguntar "Como as pessoas vão me ver?" e comecei a questionar "Como *eu* vejo o meu Eu?".

....

Ainda me lembro de uma sessão particularmente difícil com uma paciente. Erin estava sentada na minha frente, inquieta, explorando uma antiga ferida que estava causando um desequilíbrio. Era uma ferida sobre a qual tínhamos falado várias vezes, mas agora ela estava finalmente disposta a abordá-la. Seus soluços ecoavam o sentimento de não ser vista. Com palavras cheias de dor, Erin descreveu como não havia recebido atenção da família, dos amigos, de antigos parceiros amorosos ou até de estranhos em um bar. Fiquei intrigada. *Por que os outros não estavam vendo o que ela via? Ou o que eu via?*

Fazia muitos meses que vínhamos trabalhando juntas e, apesar de sentir sua dor de modo profundo, percebi que ela tinha um padrão de esconder as emoções, as opiniões e o próprio corpo dos outros. Tive a sensação de que Erin não estava realmente mostrando seu Eu. Nossa conversa foi mais ou menos assim:

ERIN: Eu me sinto invisível [*soluçando baixinho*], ninguém me enxerga. Ninguém nunca me enxergou.

EU: Sinto muito, isso parece muito doloroso.

ERIN: [*assente e enxuga as lágrimas*]

EU: [*fico em silêncio por alguns segundos*] Preciso perguntar: você *quer* ser vista?

ERIN: [*uma centelha de choque e uma longa pausa*] Quero... Bem, *todo mundo* quer ser visto.

EU: [*assinto*]

ERIN: [*olha para o nada, então começa a chorar de novo*] Talvez eu não. Não, não quero.

EU: O que você acha que as pessoas vão ver? Ou o que você teme que elas vejam?

ERIN: Elas não vão ver nada. Que eu sou nada.

EU: Hum. E você? O que você vê?

ERIN: Nada.

Ah, então era isso. O medo que nos impede de nos mostrarmos. **Não podemos esperar atenção sem comparecer.** Precisamos nos mostrar – nosso verdadeiro Eu – para sermos vistos. Se temermos que não haja "nada" dentro de nós, podemos tentar desesperadamente evitar ver isso refletido. Mas a realidade é que, se virmos "nada", então não estamos olhando para o nosso Eu. Em vez disso, é provável que estejamos cegos para o Eu – que um pesado véu de dor, negação e fracasso nos leve a acreditar que somos ocos.

Falamos sobre a necessidade de sermos vistos, mas também precisamos reconhecer a dificuldade. Há uma *vulnerabilidade* em ser visto, um risco de rejeição – é assustador! E, sejamos sinceros, muitos de nós preferem ser rejeitados pelo que *não* são a serem rejeitados pelo que são.

O que você sente em relação a ser visto como quem realmente é? Aqui estão algumas perguntas para reflexão:

- Você sente que tem que competir por atenção? Em caso positivo, com quem?
- Você consegue perceber a diferença entre ser visto e ser notado?
- Você tem medo de ser visto? Por que ou por que não?
- O que as pessoas costumam notar a seu respeito?
- Quando você olha para o seu Eu, o que você vê?
- O que você quer mostrar às pessoas?
- Qual parte de você recebe mais atenção?
- Qual parte sua você tenta esconder?
- Quem lhe dá a atenção mais verdadeira?

Valorização

Valorização não é a mesma coisa que atenção. Todos nós (provavelmente) sabemos que ser notado – receber atenção – não é igual a ser *valorizado*. A valorização é o passo *além* do mero reconhecimento. Depois que somos (verdadeiramente) vistos, nosso valor inerente também precisa ser reconhecido. Isso não é a mesma coisa que receber elogios espontâneos ou um agradecimento entusiasmado. Não é um reconhecimento passivo de qualidades, contribuições ou sucessos. É uma posição ativa que vem da sintonia e do *conhecimento* sobre o valor de alguém. Na análise existencial, descrevemos a valorização como a defesa dos atributos positivos de uma pessoa – é uma *ação* fundamentada na convicção.

Infelizmente, muitas vezes somos valorizados pelo que podemos *fazer* pelos outros, e raramente pelo que somos. De forma ainda mais específica, em nossa sociedade acelerada, costumamos ser valorizados por nossa "utilidade", no lugar de nossa humanidade. Esse tipo de valorização nos traz o risco de nos transformarmos em alguém que não somos; pode mudar nossa compreensão do Eu, tornando-a focada no outro, não em nós mesmos – começamos a identificar nosso senso de identidade em comparação *com* os outros, *para* os outros e de acordo com o direcionamento *dos* outros. Temos mais probabilidade de permitir que nos *digam* quem devemos ser se acreditarmos que seremos recompensados – valorizados – por incorporar aquele papel ou personagem.

Ainda assim, o que as pessoas (a sociedade) esperam e pedem de nós muda o tempo todo. Há três décadas, ao completar 25 anos, já "deveríamos" estar casados, ter uma casa própria com cerquinha branca, uma renda estável, dois filhos (um menino e uma menina) e algum animal de estimação (de preferência, um golden retriever). A monogamia já foi a única estrutura de relacionamento aceitável; agora, pode não parecer nem preferível. Em vez disso, muitos de nós recebem a mensagem de que "deveríamos" querer explorar relacionamentos sem qualquer estrutura fixa, trabalhar remotamente, viajar pelo mundo, ter mais presença nas redes sociais, investir em criptomoedas, ter um trabalho motivado pela paixão, não pelo salário, e, de preferência, trabalhar menos. Na cultura atual, muitas vezes recebemos valorização por sermos não convencionais, populares e bem-sucedidos do ponto de vista financeiro.

Todos queremos ser valorizados, então fazemos o que é esperado, permitindo que padrões arbitrários nos definam. Assim como os padrões de beleza, as tendências de estilo de vida são ditadas e cocriadas pelo *Outro*. Embora não haja como fugir das expectativas, podemos *escolher* não corresponder a elas. Podemos optar por buscar valorização pelo que somos, não pelos itens que cumprimos na lista.

É interessante que a sociedade atual constranja quem é muito autofocado, mas que, na realidade, a maior parte das pessoas pense em si primeiramente no contexto de como os *outros* as veem. Na minha opinião, a maioria não se concentra em si *o su-*

ficiente, não de verdade. Temos dificuldade de valorizar nosso Eu de modo genuíno porque não conseguimos reconhecer e aceitar quem somos. Carl Jung disse que "a coisa mais aterrorizante do mundo é se aceitar completamente", porque isso significa não esconder ou negar qualquer aspecto do nosso Eu. No entanto, em vez de aprender a arte da autoaceitação, somos ensinados a ganhar ou comprar a aceitação dos outros. Somos incentivados a "consertar" ou encobrir nossos "defeitos" em vez de praticar a honestidade e a vulnerabilidade.

Mas deixe-me ser clara: *A questão não é parar de buscar validação externa, mas buscar validação interna ACIMA da externa.* Se mudarmos de acordo com a valorização dos outros, vamos permitir que as opiniões e os sentimentos deles nos levem repetidamente à inautenticidade ou até à perda de nós mesmos.

Para diferenciar as opiniões internas e externas, é importante perceber as demandas e "sugestões" sociais que internalizamos. Faça a si mesmo as perguntas a seguir:

- Quem eu acho que "deveria" ser?
- O que me ensinaram sobre gênero e sexualidade?
- Como acredito que meu corpo deveria ser? Por quê?
- Qual papel acredito que eu deveria ter na sociedade?
- Pelo que me elogiaram ou puniram?
- O que me ensinaram a querer?
- O que me ensinaram a temer?
- Qual é minha definição de sucesso?

Qual é a *sua* narrativa sobre a valorização? Aqui estão mais algumas perguntas para reflexão que vão ajudar você a identificá-la:

- Quem me valoriza?
- De onde obtenho meu valor?

- Eu dou valor ao meu Eu?
- Quais características eu amo a respeito de quem sou?
- Quais características tornam difícil valorizar o meu Eu?

Justiça

Para sermos nosso Eu – para acolhermos nossa humanidade –, precisamos ser vistos, valorizados e *tratados* assim. Justiça é sobre estar alinhado com seu Eu, levar seu Eu a sério e ser tratado de forma justa pelo seu Eu e pelos outros. A injustiça dentro da sociedade é um assunto que estamos começando a abordar mais. No entanto, muitas vezes não percebemos com que frequência tratamos a nós mesmos de modo injusto. Por que não podemos nos tratar com a mesma gentileza ou nos oferecer o mesmo perdão que damos aos outros sem pensar duas vezes? Por que nos colocamos em último lugar, deixando de lado nossas próprias necessidades enquanto garantimos que as de todo mundo sejam supridas? Por que temos expectativas impossíveis de cumprir? Por que permitimos que todo mundo seja humano, menos nosso Eu?

Talvez você não tenha sido tratado de forma justa por causa da sua nacionalidade, da cor da sua pele, das suas crenças, daquele maldito status de "divorciado", do seu peso, do seu saldo na conta, do seu gênero ou da sua sexualidade. A sociedade encontrou inúmeras maneiras de "justificar" a injustiça. "Eles" avaliam e determinam nosso valor e nos tratam de acordo. Há uma famosa frase atribuída a Kierkegaard: "O que me rotula me nega." Quando rotulamos, somos forçados a reduzir. Quando somos reduzidos a determinadas características, corremos o risco de não receber atenção, valorização ou justiça.

Para a maioria de nós, a injustiça foi moldada ou ensinada. Nossos tutores podem ter enfatizado ou até romantizado o autossacrifício, incutindo um senso de retidão em sermos tratados de maneira injusta. Como uma mulher sérvia, me ensinaram que estou "abaixo" de qualquer homem e que meus sentimentos e pensamentos têm menos importância que os das pessoas mais velhas.

Para outras pessoas, a injustiça foi circunstancial. Não foi justo comigo, quando criança, não ter comida suficiente ou passar meses em abrigos antibombas. Não foi justo eu temer pela minha sobrevivência e pela sobrevivência dos meus pais. Não foi justo meu presente de Natal aos 8 anos ter sido uma caneta, enquanto outras crianças ganharam videogames, chocolates, bonecas ou qualquer outra coisa que tenham pedido.

Às vezes, somos parte da injustiça que os outros sentem e precisamos nos esforçar para reconhecer que *todos* podemos fazer parte do "eles" da sociedade. Talvez tenhamos sido criados com uma noção de direitos e privilégios que oprimem os outros. Talvez tenham nos ensinado (de modo implícito ou explícito) que, por causa de nacionalidade, cor da pele, religião, estado civil, beleza, renda, gênero ou sexualidade, temos o direito de ser mais bem-tratados do que os outros. Talvez nosso privilégio tenha nos levado a acreditar que merecemos coisas mesmo que outras pessoas precisem sofrer para que as tenhamos. Talvez pensemos que temos o direito de perpetuar injustiças, por acreditarmos que a justiça é apenas para nós.

Todos os "ismos" ao longo da história – racismo, sexismo, classismo, etc. – tornaram a justiça coletiva difícil, senão impossível. Maltratamos grupos inteiros e nos recusamos a oferecer atenção, valorização e justiça a eles. Não nos preocupamos em refletir seu valor e, ainda assim, quando tratamos os outros sem dignidade humana, isso só diminui a nossa.

QUANDO OS OUTROS RETROCEDEREM, AVANCE

O ato de viver e criar nosso Eu é gratificante e satisfatório por si só. *E*, ao mesmo tempo, tal coragem – ou, talvez, audácia – é muitas vezes recebida com *resistência*, *isolamento* e *luto*. Toda decisão, ainda que autêntica, tem um custo. É por isso que quero normalizar o preço de *ser* o seu Eu. Em geral, há três tipos de prejuízo:

Prejuízo n° 1: Resistência

É normal que todos os seres humanos resistam a qualquer coisa desconhecida, ameaçadora ou que consideremos possivelmente menos benéfica. Somos atraídos pelo conforto, pela previsibilidade e pela sobrevivência. Muitas vezes, a resistência dos outros não é maliciosa nem manipuladora,* é instintiva. Carl R. Rogers, psicólogo estadunidense e fundador da abordagem humanista,** fala sobre o medo como a raiz da resistência:

> Se eu me permitisse realmente compreender outra pessoa, eu poderia ter que mudar por causa dessa compreensão. E todos temos medo da mudança. Então, como eu digo, não é fácil se permitir entender um indivíduo, entrar completa e empaticamente no quadro de referência dele.[48]

---

* Sei que adoramos nos concentrar nos "narcisistas" do mundo, mas vamos partir do pressuposto de que estou escrevendo isto para indivíduos que não são abusivos nem sofrem de um transtorno de personalidade.

** De forma simplificada, a psicologia humanista é uma perspectiva de que os humanos, como indivíduos, são inteiros e únicos. Ela enfatiza o valor pessoal de alguém. A psicologia humanista assume o pressuposto de que as pessoas têm livre-arbítrio e são motivadas a alcançar a autorrealização.

Precisamos reconhecer que a autenticidade pode causar desconforto em quem está ao nosso redor. Ela pode ressaltar a inautenticidade de outra pessoa ou pedir que ela mude a forma como se comporta conosco. As pessoas podem resistir ao nosso Eu como uma tentativa de preservar a homeostase do relacionamento e evitar ter que passar pela experiência da mudança. Muitas vezes, a autoconsciência e a incorporação vêm acompanhadas de novos limites, níveis mais baixos de tolerância a maus-tratos (isto é, vamos parar de tolerar merda) e padrões mais altos (ao mesmo tempo que mantemos expectativas realistas). Mudamos a natureza do relacionamento, os passos da dança. Se quiserem continuar dançando conosco, as pessoas precisam aprender a nova coreografia. Algumas vão se recusar, enquanto outras vão, no início, pisar no seu pé ou tropeçar.

Portanto, não se reprima apenas por causa dessa resistência. Vamos nos abster de pressupor que aqueles que, a princípio, mostram sinais de resistência querem que continuemos inautênticos ou nunca vão nos aceitar. Quando abordamos nosso Eu de modo hesitante, sinalizamos aos outros que ainda há espaço para negociação (sendo que não há). Até mudanças positivas quase sempre envolvem perdas e desconforto. Portanto, precisamos dar tempo para que os outros vivenciem o luto pela nossa versão anterior e pela dinâmica de relacionamento que tínhamos antes.

Contudo, se a resistência dos outros persistir, pode ser hora de abrir mão de uma relação. Porque a verdade é que *a resistência crônica é uma forma de rejeição.*

Aqui estão alguns sinais comuns de que você está enfrentando a resistência dos outros:

- Eles sempre lembram o seu passado.
- Eles dizem "Você mudou", e não é um elogio.
- Eles desafiam ou ultrapassam seus novos limites.

- Eles continuam usando rótulos/adjetivos que não se aplicam mais a você.
- Eles fazem você se sentir culpado por cuidar de si mesmo.
- Eles menosprezam ou descartam o seu crescimento.
- Eles chamam seu senso de identidade de uma "fase".
- Eles parecem não compreender você (por mais que você tente explicar).
- Eles tentam convencê-lo de quem você "realmente" é.
- Eles tecem comentários condescendentes, zombando da sua verdade.
- Eles ameaçam terminar o relacionamento.

Se tivermos um histórico de ceder, as pessoas muitas vezes vão resistir a nossas tentativas de enfatizar nosso verdadeiro Eu. Há também quem só pressione até onde acha que pode – e, em geral, até onde já permitimos em outras situações. Lembro que uma vez uma paciente estava visivelmente abalada – com o rosto vermelho, os olhos cheios d'água, a respiração ofegante e mexendo nervosamente no elástico de cabelo – enquanto falava que ia se encontrar com o ex-namorado logo depois da nossa sessão. Já fazia algum tempo que ela queria estabelecer limites, mas não tinha coragem. Ele não havia reagido bem às tentativas da minha paciente durante o relacionamento, e ela achava que isso ia acontecer agora. Na sessão seguinte, ela relatou que, apesar de ter sido com lágrimas rolando e palavras trêmulas, desconjuntadas e ofegantes, tinha enfim conseguido enfrentar o ex. Para a surpresa dela (mas não minha), ele logo recuou. Às vezes, o único motivo para as pessoas continuarem desrespeitando nossos limites é o fato de relevarmos esse desrespeito, falhando miseravelmente em deixá-los cientes.

Não será o caso em toda situação, mas acontece mais do que você imagina. Muitas vezes não damos aos outros a chance de lidar com nossa autonomia. Talvez tenhamos medo de que eles a encarem com resistência ou nos rejeitem, só que parte de ter coragem é dar às pessoas (que merecem) a oportunidade de nos surpreenderem.

Por último, e sei que pode ser difícil ouvir isso, não temos o direito *inato* de ser compreendidos. Precisamos ser participantes ativos; para sermos vistos, devemos nos *mostrar*. A ousadia de revelar nosso Eu autêntico e sem disfarces significa ter que suportar o desconforto da vulnerabilidade e enfrentar o risco da rejeição (se a situação for segura o bastante; se a pessoa *merecer* ver nossa vulnerabilidade). Nunca pressuponha que os outros vão simplesmente "saber" e que vão mudar a forma como agem de uma hora para outra. Talvez algumas pessoas peçam que nos expliquemos – e, sim, nem todo mundo é digno de uma explicação, mas há quem a mereça. Só precisamos nos explicar até o ponto que cabe a cada relacionamento específico (o grau de intimidade e segurança vai ditar a abertura). Quando sentimos certa resistência, precisamos lutar contra o instinto de ignorá-la. Se for para a sobrevivência do relacionamento, é importante se esforçar para atravessar a transição em conjunto. Tenha paciência e compaixão, porque não é fácil para a outra pessoa, assim como não é fácil para nós. Estamos juntos nessa... *ou não.*

Também é importante lembrar que essa jornada não é *para* os outros, tampouco é algo que possamos fazer *com* os outros. Se tentarmos encará-la assim, há grandes chances de nossa mudança não se alinhar mais com a nossa identidade ou de despejarmos parte da nossa responsabilidade em alguém – nenhuma das duas opções é benéfica. A jornada é inerentemente *para* você e *sobre* você. Tente não se chatear se as pessoas não aceitarem quem você se tornou. Mais uma vez, não temos o direito inato a que os outros nos aceitem, e muitas vezes essa é uma expectativa difícil de cumprir, já que a maioria de nós tem dificuldade de aceitar o nosso Eu.

Prejuízo nº 2: *Isolamento*

Buscar, criar e incorporar quem somos não é, óbvia e infelizmente, um trabalho que podemos delegar. Mesmo que tenhamos uma rede de apoio familiar e social, a experiência carrega consigo um fator de isolamento. O máximo que os outros podem fazer é nos orientar, incentivar e testemunhar nossa jornada – mostrar todo o avanço que já fizemos e o que eles *veem*. Mas, a não ser que estejam percorrendo um caminho parecido (e muitas não estão), as pessoas podem não reconhecer ou se identificar com nossa trajetória.

Esse processo de separação nem sempre é totalmente deliberado ou explícito. Pode ser uma sensação sutil de que estamos em uma fase de vida diferente dos outros ou de que nossa visão de mundo não corresponde mais à da família ou dos amigos. Pode se evidenciar por meio de recusas a convites, deixar de curtir as fotos no Instagram ou, em certo momento, não conviver mais. Quando esbarrar com a pessoa na rua, você vai concordar em "marcar alguma coisa", mas vocês dois sabem que será mais por gentileza do que por intenção verdadeira. Honestamente, no começo, pode ser um processo solitário e até triste.

À medida que nos tornamos mais criteriosos quanto a quem deixamos fazer parte da nossa vida, começamos a nos afastar de pessoas com quem convivíamos muito. Amigos e familiares podem reclamar e tentar nos lembrar quem éramos. Talvez isso não seja um sinal de resistência; talvez eles estejam falando a verdade – apenas *não* entendem quem somos neste momento.

Por cerca de cinco anos depois do ataque de pânico que mudou minha vida, lembro que me senti incompreendida, não reconhecida e desvalorizada. Detestei isso; me senti profundamente sozinha. Minhas decisões não faziam sentido, então, em vez de ficarem curiosas, as pessoas me julgavam. Elas me julgavam por me divorciar, por vender todas as minhas coisas e viajar, por começar a namorar outra pessoa, entre muitas outras novas escolhas de vida que fiz. O julgamento era pesado. Doeu. Só aqueles que *queriam* me entender acabaram conseguindo. E aprendi do jeito mais difícil que eu só seria vista por quem *quisesse* me ver.

É por isso que sempre valido o isolamento que meus pacientes sentem quando as pessoas não estão dispostas ou não são capazes de se identificar com o processo de transformação que eles estão atravessando. É difícil batalhar por liberdade e existência enquanto os outros nem sabem que você está em guerra. Não tenha medo de admitir que essa parte do processo pode ser muito difícil. É uma droga!

Hermann Hesse, poeta, pintor e escritor ganhador do Prêmio Nobel, falou sobre a busca por autenticidade, autoconhecimento e espiritualidade e descreveu o isolamento como algo que ameaça nossa jornada, mas que é *necessário* para atingir uma conexão mais profunda com o Eu e, ironicamente, com os outros:

> Precisamos ficar tão sós, tão completamente sós, que nos recolhemos ao nosso Eu mais íntimo. É uma forma de sofrimento amargo. Mas então nossa solidão é superada, não estamos mais sozinhos, pois descobrimos que nosso Eu mais íntimo é o espírito, é Deus, o indivisível. E de repente nos vemos em meio ao mundo, mas imperturbáveis por sua multiplicidade, porque em nossa alma mais íntima sabemos que somos parte de toda a existência.[49]

É por isso que indivíduos inautênticos não suportam a diversidade, a inclusão ou as diferenças em geral. Eles não se encontraram em meio ao mundo ou à trama que toda a humanidade tem em comum. É por isso que não se identificam com os outros e que talvez não nos identifiquemos com *eles*.

Prejuízo n° 3: Luto

No crescimento ou em qualquer mudança, há sempre uma perda. Temos que vivenciar o luto por muitas coisas durante essa jornada do Eu – relacionamentos, sonhos e as diversas identidades das quais nos despimos pelo caminho. Talvez precisemos viver o luto pelas versões anteriores de nós mesmos que escolheram o conforto de evitar as consequências e o egoísmo de fugir da responsabilidade. Talvez tenhamos que viver o luto pelas pessoas em quem investimos. Talvez tenhamos que viver o luto pela ignorância que nos permitiu evitar nossa dor. Talvez tenhamos que viver o luto por nossas crenças, valores ou nossos preceitos morais anteriores.

Mas a mudança é uma faca de dois gumes: de um lado há perda; do outro, oportunidade. É uma *oportunidade* de as pessoas nos conhecerem de novo e de finalmente conhecermos nosso Eu. É uma oportunidade para uma intimidade mais profunda. No meio do luto, podemos procurar o *espaço* que foi criado pela perda. O espaço que agora – ou quando estivermos prontos – pode ser preenchido por coisas que sejam "corretas" para nós.

Para muitos dos meus pacientes, a parte mais dolorosa do luto parece ser a percepção de que eles não acolheram seu Eu como precisavam e o reconhecimento das diversas formas como decepcionaram ou falharam com seu Eu pelo caminho. Em certa medida, é o luto pela sua própria humanidade. Mas, por mais clichê que pareça, "errar é humano".[50] Ao longo de todo esse processo, precisamos viver o luto por nossas expectativas irrealistas de crescimento. Apesar da fama, o processo de autenticidade não é puramente prazeroso.

A autenticidade não vai aliviar o peso de ser humano e cometer erros. A autenticidade não evita a dor. A autenticidade não é um anestésico contra momentos dolorosos e não distancia você do seu passado. Não se trata de "vibrações positivas", inflação excessiva de nossas qualidades ou amor-próprio forçado. Acima de tudo, a autenticidade não é negar partes do seu Eu. Pelo contrário, é sobre *você*. É sentir e vivenciar seu Eu, os outros, o mundo – tudo. É o que você *faz* e como você escolhe existir. É como você decide usar seu tempo. É aceitar e ser gentil com as partes que parecem machucadas, honrando suas feridas. É acolher seu Eu, ver seu Eu. É o processo gradual de aprender a aceitar e amar quem você é. É aprender com a dor, mas não ser transformado por ela. É criar quem você quer se tornar.

É só na tensão ou no desconforto que a mudança ocorre, mesmo que ela seja necessária e desejável. Como a autenticidade é um processo de transformação contínuo, uma jornada infinita, ela envolve aprender a conviver com a dor, a complexidade, o indeterminado e a perda.

PRATIQUE SUA AUTONOMIA

As comunidades em que estamos inseridos sempre pedem que nos comportemos e "sejamos" de uma forma aceitável e desejável para os outros. Há uma vasta gama de exigências, todas determinadas por outras pessoas. Muitas vezes, somos recompensados por sermos resilientes, gentis, bem-sucedidos, obedientes, originais, felizes e atraentes. E, no entanto, essas qualidades tendem a ser aplaudidas apenas na medida em que são consideradas convenientes, agradáveis ou, infelizmente, vantajosas. Espera-se que sejamos "suficiente" – seja lá o que isso signifique – para que os outros gostem de nós, mas "não *demais*", o que pode fazer com que eles se sintam ameaçados, inseguros, incomodados ou com inveja. A pior parte é que não podemos simplesmente ir embora. Temos que existir dentro da sociedade. Portanto, precisamos usar nossa liberdade, assumir a responsabilidade e fazer escolhas que *nos* honrem, apesar das expectativas e das demandas alheias.

Do fim da adolescência até os 20 e poucos anos, me cerquei de pessoas que não me enxergavam, que não me valorizavam – a não ser pelas minhas conquistas ou minha utilidade – e que nem sempre me tratavam com respeito. Elas gostavam de mim porque eu as convidava para eventos divertidos ou emprestava meu caderno de estudos. Quando comecei a resistir às suas expectativas, elas começaram a resistir à minha "nova" versão. Eu tinha pavor do isolamento, mas, em dado momento, ele me pareceu melhor do que a dor e a exaustão de tentar ser alguém que não era.

Na verdade, a ameaça da perda era muito maior e mais aterrorizante do que o desconforto da resistência, e senti uma verdadeira libertação quando fiz um esforço intencional para assumir quem eu era. E alguns dos aspectos do meu Eu que provocaram mais resistência nos outros (minhas sensibilidade, emotividade e ambição) hoje são justamente as características que personificam quem eu *sou*. Ao longo do tempo, aprendi uma importante lição que espero que seja útil para você: os outros não podem lhe dizer quem você é ou quem você vai se tornar. *Não é responsabilidade deles, é sua.*

A DURA VERDADE

Quando deixamos as expectativas e a validação alheias guiarem nossas ações, permitimos que os outros moldem quem vamos nos tornar.

LEMBRETE AMIGÁVEL

Permita-se se tornar quem você quer ser e faça isso pelo seu Eu, não pelos outros.

CAPÍTULO 6

Onde eu termino e os outros começam?

Quando emigrei para o Canadá aos 9 anos de idade, passei a morar na região costeira do Pacífico. Quando descobrem isso, as pessoas tendem a fazer suposições sobre mim com base nos estereótipos da região. Esperam automaticamente que eu seja certo "tipo" de pessoa – alguém que passa os fins de semana fazendo trilha, canoagem ou acampando; alguém que faz vitaminas de frutas orgânicas e come granola no café da manhã; alguém que só gosta de roupas esportivas (ou de roupas feitas de cânhamo, ou talvez de uma lã bem volumosa). Presumem que eu cuide do meu jardim e seja ou uma fã incondicional da Starbucks ou então uma frequentadora esnobe de cafés independentes (não há consenso sobre isso). A depender de quanto elas estejam comprometidas em não me conhecerem de verdade, também pressupõem coisas sobre meu passado, minha família, minha renda, meus posicionamentos políticos e/ou minha fé.

Tudo isso com base em um simples fato: onde cresci. É fascinante como a mente foi treinada para prejulgar. Em determinado momento, chega a ser absurdo como as pessoas constroem nossa imagem sem ao menos pedir que participemos do processo. Levei anos para perceber que o problema não era eu (*óbvio*), mas o fato de os outros precisarem que eu fosse *aquela* pessoa para *eles*. Eu era o "objeto" que tinha entrado em sua órbita e que eles precisavam categorizar, rotular e, em última instância, "definir" para dar sentido ao mundo e aplacar a própria ansiedade perante o desconhecido.

Por muito tempo me incomodei com as suposições das pessoas, ainda que relativamente inofensivas. Não somente porque não eram verdadeiras, mas porque, toda vez que eu mostrava meu Eu, os outros pareciam decepcionados. Eu não era quem eles queriam que eu fosse. Eles se comportavam como se estivessem decepcionados pelo simples fato de eu querer, valorizar ou necessitar de certas coisas. Agiam como se eu os tivesse incomodado de alguma forma – franzindo o cenho ou revirando os olhos enquanto tentavam "se adaptar" à minha presença. Ou, pior ainda, me lançando indiretas com comentários passivo-agressivos: "Ai, é tão irritante quando as pessoas se sentem superiores." Ou o meu preferido: "Se os imigrantes não gostam do que encontram aqui, deviam simplesmente voltar para seu país."

Foi uma fase desanimadora, confusa e muito solitária. As suposições e expectativas das pessoas não deixavam espaço para mim; tinham preenchido todas as lacunas. Então cabia a mim a *tarefa* de me comportar de um jeito que validasse a narrativa dos outros a meu respeito. Mesmo que pudesse corresponder a essas expectativas, eu não teria feito isso. Mas a verdade é que eu não *podia* – primeiro, porque cresci em uma família que não tinha dinheiro para comprar comida orgânica nem roupas esportivas caras e, segundo, porque eu tinha passado tempo demais com medo e lutando pela sobrevivência para gastar preciosos minutos me justificando pela minha própria existência.

Eu sentia que "eles" estavam infringindo meu senso de identidade. Estavam ultrapassando meu limite mais sagrado ao me coagir de forma consciente (ou inconsciente) a ser uma extensão do mundo interno *deles*. Não me davam permissão ou espaço para mostrar quem eu realmente era. Não se davam ao trabalho de me *ver*.

Isso pode não parecer um problema tão grande assim e, para ser sincera, fiquei tentada a dar um exemplo mais "chocante" ou "grave", mas seria incoerente com todo o propósito do livro. Não são apenas momentos de opressão extrema que fazem com que a gente se sinta desrespeitada. Se eu desse um exemplo dramático, você pensaria equivocadamente que a perda de si mesmo é fácil de perceber e sempre se desenrola com intensidade. Mas é também nos momentos sutis e aparentemente desimportantes, cheios de pequenas suposições, imposições ou críticas a nossas preferências, que temos dificuldade de *viver* quem somos.

Já com 20 e muitos anos, parecia um ato de rebeldia mostrar às pessoas meu Eu nômade que lia filosofia, amava o ambiente urbano, comia croissants, tirava fotos, jogava tênis e assistia à semana de moda de Paris. Decidi, e continuo decidindo, expressar meu Eu. Resolvi que mostraria quem eu era de modo inequívoco. Se ainda assim os outros não me vissem, eu saberia que era porque não queriam.

Supreendentemente (para algumas pessoas), mostrar meu Eu não significava ter mais conversas profundas, contar mais das minhas dolorosas experiências de vida, criar uma bela obra de arte nem postar mais fotos ou confissões nas redes sociais. Essas coisas não funcionavam para mim porque 1) as pessoas ao meu redor não estavam olhando ou escutando com atenção suficiente e 2) os relacionamentos não me pareciam seguros o bastante para que eu conseguisse ser vulnerável.

Então meu jeito de me expressar foi estabelecer limites.

Muitas vezes não associamos autoexpressão a limites, mas de fato eles são uma forma vital de nos exprimirmos – e, no meu caso, o modo *mais* eficaz. Se quer saber quais eram meus limites, eis alguns exemplos:

- "Não, obrigada. Não estou com vontade de acampar."
- "Por favor, pare de me chamar de 'princesa'. Essa brincadeira me magoa."
- "Prefiro comer croissant em vez de salada. Encontro vocês depois."
- "Obrigada pela sua opinião, mas no fim das contas decidi viajar pelos próximos dois anos."
- "Se eu precisar de conselhos sobre minhas roupas, pode deixar que eu peço."
- "Não vou tolerar comentários depreciativos sobre minha ascendência."
- "Não quero me casar agora. Se eu mudar de ideia, aviso."
- "Não sei se quero ter filhos. Peço que você pare de perguntar quando vou engravidar."
- "Não me sinto confortável em contar minhas experiências na guerra, mas obrigada por perguntar."
- "Não me sinto confortável em deixar você olhar meu celular."
- "Também estou passando por um momento difícil e não posso ser seu principal apoio."
- "Se você gritar comigo ou me xingar, vou encerrar esta conversa."
- "Prefiro não falar sobre minha vida amorosa."
- "Não gosto de falar das pessoas pelas costas. Vamos mudar de assunto."
- "Sei que você está chateado, mas acho que não cabe a mim opinar nesse caso."
- "Você não precisa gostar da minha profissão, mas exijo que a respeite."
- "Se você se atrasar por mais de vinte minutos, vou ter que sair sem você."
- "Não me sinto confortável com seus comentários sobre meu corpo."

- "Vou responder ao seu e-mail depois do fim de semana."
- "Não, não vou contar o que minha terapeuta disse."

Você ficou com a impressão de que me compreende melhor? Só porque agora sabe o que eu *não* quero fazer ou *não* vou aceitar? Aposto que sim. E isso é fascinante. Não falei sobre o que gosto, não compartilhei qualquer fato sobre minha vida e, ainda assim, você obteve um vislumbre de mim. Isso acontece porque, quando compartilho meus limites, não falo apenas sobre minhas necessidades, expectativas ou desejos, mas também mostro **quem sou e como me entendo**.

O CONTORNO DO EU: O QUE SÃO LIMITES, AFINAL?

Sei que a maioria de nós já ouviu falar em limites porque a psicologia tem propagado bastante esse conceito e parece que todo mundo nas redes sociais anda abordando o assunto. Mas, só para garantir que estamos falando da mesma coisa, aqui vai um resumo rápido:

- Limites são diretrizes (não ultimatos)
- Limites aumentam a compreensão e a segurança em um relacionamento
- Limites são uma forma de cuidarmos do nosso Eu
- Limites precisam ser comunicados de maneira clara
- Limites muitas vezes vêm acompanhados de consequências caso sejam desrespeitados
- Limites podem ser divididos em seis áreas principais:
  1. físicos
  2. sexuais
  3. emocionais

4. intelectuais

5. materiais

6. temporais

- Limites são relevantes em todos os relacionamentos (até – e especialmente – nos bons)
- Limites não servem para punir ou afastar as pessoas; eles criam uma distância saudável que ajuda a nutrir ambas as partes em um relacionamento (e, às vezes, o relacionamento em si)

Acho que a maioria dos ensinamentos sobre o tema falha em um aspecto: não enfatiza a relação entre limites e nosso senso de identidade. **Limites e identidade são indissociáveis.** Por quê? Porque **limites saudáveis são um contorno de quem somos**. Eles não apenas nutrem os relacionamentos e nos protegem como também nos *definem*. São como uma silhueta de quem somos como seres humanos, permitindo que os outros nos vejam e nos compreendam melhor.

Na minha profissão, vejo muita gente com dificuldade de estabelecer limites, ainda que tenham lido *todos* os livros e feito *todos* os cursos sobre o tema. A verdade é que, a não ser que realmente *saiba* quem ela é, a pessoa está fadada a lidar mal com limites. *Somos incapazes de traçar o contorno de uma coisa se não soubermos onde estão as bordas e qual é a aparência dela.* Para impor limites, precisamos saber quem somos, do que necessitamos, o que queremos, o que esperamos e qual é nossa visão de mundo. Estabelecer limites é uma das formas mais rápidas de contarmos nossas crenças a respeito de nós mesmos ou de nosso trabalho, nossos relacionamentos, nossa família, nossa fé, nosso corpo... **Pessoas podem mentir, mas limites quase nunca mentem.**

A falta de limites claros muitas vezes indica um senso de identidade fraco. Sei que isso soa extremo, mas vou explicar. Qualquer contexto que nos leve a não saber como estabelecer limites ou não sentir segurança suficiente para isso é um contexto que ameaça nosso senso de identidade. Nem *sempre*, mas muitas vezes os dois maiores obstáculos à imposição de limites são a falta de autocompreensão e a falta de seriedade (que frequentemente andam de mãos dadas quando não respeitamos nosso Eu).

Tentar impor limites antes de conhecer nosso Eu é como fazer uma prova de matemática e escrever a resposta de uma equação que nem está ali. Pode ser a resposta certa para *uma* equação, mas não para *nossa* equação. Para que os limites sejam significativos ou úteis, precisamos estar profundamente sintonizados com eles, e eles têm que funcionar na prática. Por exemplo, alguém pode avisar que estará indisponível a partir das nove da noite, mas esse não é um limite realista se essa pessoa for, digamos, uma médica intensivista ou a mãe de um recém-nascido. Se tentar seguir essa regra, é provável que a pessoa precise mudar alguns aspectos importantes da vida (e, consequentemente, acabe mudando seu Eu). Para mudarmos nossos limites, precisamos modificar alguma coisa em nosso Eu – eles são uma extensão natural de quem somos. Nosso Eu é uma obra de arte, e nossos limites são a moldura.

Outro exemplo: para implementar um novo limite em um relacionamento, como "Não vou admitir que você continue cancelando nossos planos na última hora" ou "Se você não parar de gritar comigo, vou embora agora mesmo", *precisamos* acreditar que somos dignos de respeito. Se não tivermos convicção de que merecemos algo melhor, não o pediremos e permitiremos que nossos limites continuem sendo desrespeitados. Para estabelecer um limite (em especial, um limite que vamos cobrar), é necessário que ele seja autêntico – fruto de uma escolha que reflita quem somos. É nossa responsabilidade agir de acordo com nosso Eu e protegê-lo.

Se nosso Eu está sempre mudando e evoluindo, isso significa que, em certa medida, nossos limites também. Não estamos apenas delineando uma silhueta; estamos desenhando uma imagem em movimento que reflete nosso crescimento e nosso contexto específico a cada instante. Temos a responsabilidade de acompanhar nosso Eu e escolher limites que se adéquem a ele. Quando nossos relacionamentos, nossas crenças ou nosso ambiente mudam, nossos limites também costumam mudar. Isso não é ser instável; é estar *sintonizado*. Quando interajo com uma plateia, escolho discutir questões diferentes das que abordo quando estou confraternizando com amigos. Nos dois contextos, os limites são cruciais.

Para muitas pessoas, não levar os limites a sério é um obstáculo, porque elas não entendem o que está em jogo e, portanto, não estabelecem regras com convicção. Eu era assim. Costumava *meio que, talvez, quem sabe* sugerir algo de que precisava... mas isso foi antes de perceber que a combinação das exigências dos outros com minha falta de limites me deixava *perdida*. Só depois da minha crise de pânico aceitei que minha falta de limites tinha exacerbado meus problemas de relacionamento, deteriorado minha saúde mental e prejudicado minha compreensão de quem eu era. *Os rabiscos que eu tinha desenhado não eram um contorno suficientemente claro do meu Eu para os outros verem – não eram nem definidos o bastante para que eu mesma me reconhecesse.*

SOLUÇÕES DESPROPORCIONAIS

Todos nós já recorremos a soluções exageradas em algum momento da vida. Se formos à praia e estiver uma ventania, é provável que da próxima vez levemos um casaco e um cobertor, mesmo que a previsão do tempo seja de sol sem vento. Se formos grosseiros com uma pessoa, tentaremos ser especialmente, e talvez exageradamente, gentis na próxima vez que a encontrarmos. Se alguém nos disser que engordamos, talvez tentemos perder uma quantidade absurda de peso só para nunca mais ouvir aquilo (mesmo que um comentário desse tipo não devesse acontecer nunca). Se sufocarmos a pessoa amada (no sentido figurado) e ela nos deixar, pode ser que sejamos desapegados demais no próximo relacionamento.

Essa hipercorreção é normal e costuma ocorrer após uma experiência desagradável ou uma perda. Não queremos reviver aquela dor, então tentamos nos proteger, indo o máximo possível na direção contrária. Vejo isso o tempo todo na terapia, em especial quando um paciente aprende uma nova habilidade, como estabelecer limites. Sempre aplaudo seu entusiasmo e seu comprometimento, mas muitas vezes preciso lembrá-lo de ser realista e aceitar a imperfeição inerente a cada pessoa.

Há algum tempo, tive uma conversa desse tipo com uma paciente de 20 e poucos anos. Quando começou a fazer terapia, ela queria ajuda para atravessar o luto pelo fim de um relacionamento de três anos e descobrir quem era sem aquela relação. O processo de luto muitas vezes exige que encaremos diversas perguntas difíceis, como "Por que isso aconteceu?", "O que eu poderia ter feito diferente?" e "O que posso aprender com isso?". No fim das contas, ela percebeu que a falta de limites e de autocompreensão tinha contribuído muito para o fim do relacionamento. Essa paciente era bem introspectiva, comprometida e disposta a aprender. Assim que começamos a falar sobre limites, ela passou a implementá-los.

Um ano depois, ela começou a sair com alguém. Parecia feliz e dizia que combinava muito com a pessoa. Para minha surpresa, cerca de quatro meses depois a paciente apareceu na sessão com o rascunho de um texto que tinha escrito para terminar o relacionamento. Ela dizia que os dois não podiam continuar se vendo porque ela havia deixado claro que não queria receber mensagens enquanto estivesse visitando a mãe no hospital, e ele tinha feito exatamente isso. Para contextualizar: a paciente tinha explicado que, durante o horário de visitação aos domingos, não queria ter qualquer distração para poder se dedicar inteiramente à mãe. No dia em que desrespeitou essa regra, o parceiro mandou uma mensagem que dizia: "Sei que o resultado dos exames da sua mãe sai hoje. Estou pensando em você!" Isso a deixou chateada a ponto de querer terminar o namoro. Ela estava com tanto medo de viver um relacionamento em que suas necessidades e preferências fossem ignoradas que qualquer indício disso passou a ser motivo para rompimento. Ela estava usando os limites *como um muro, não como um mapa.*

Respiramos fundo juntas e perguntei se as regras dela não estavam ficando rígidas demais. Cogitamos a ideia de ela falar novamente com o namorado sobre esse limite específico em vez de terminar o relacionamento. Ou talvez, quem sabe, ela pudesse aproveitar a atenção e o cuidado que estava recebendo pela primeira vez em tanto tempo. Talvez aquele limite não fosse mais tão necessário ou importante quanto havia sido no passado. É claro que só a paciente sabia o melhor jeito de prosseguir, mas eu estava ali para ajudá-la a explorar aquela vivência. Por fim, ela decidiu reiterar o limite em vez de encerrar a relação. Também resolveu comunicar ao parceiro que, apesar de ter sido um gesto gentil, a mensagem tinha desencadeado emoções negativas que ela estava tendo dificuldade de processar.

Levou tempo, mas em dado momento ela perdeu o medo e aprendeu a aceitar as coisas boas da vida, parando de ver e pressupor constantemente o pior em toda situação.

QUANDO O LIMITE É DESRESPEITADO

Quando alguém desrespeita nossas regras, é comum reagirmos com ressentimento, decepção, mágoa ou raiva. De início, podemos tentar justificar o mau comportamento da pessoa, nos culpar por permitir que ela ultrapassasse nossos limites, sentir vergonha pelo modo como estamos sendo tratados ou começar a duvidar das nossas decisões. No entanto, quando as ações do outro parecem um obstáculo ou um impedimento à manifestação do nosso Eu – quando sentimos que não estamos sendo vistos, valorizados ou tratados de maneira justa –, impomos limites para tentar nos proteger. Estabelecemos um limite reativo, ou uma reação de enfrentamento, **como forma de evitar mais feridas e perdas.**[51,52] O objetivo é encontrar um jeito de suportar nossa dor e proteger nosso Eu. Para saber como você reage quando suas regras são desrespeitadas, responda a três perguntas simples:

- Como você se comporta em situações em que não pode ser você mesmo?
- Qual é seu primeiro impulso quando sente que está sendo tratado de maneira injusta?
- O que você faz quando sente que sempre é esquecido, derrotado, ignorado, ou que não é visto de verdade?

Aposto que suas ações são os limites reativos de que estou falando – as reações de enfrentamento –, que lhe permitem suportar sua mágoa. Esses limites, ou autoadaptações, nem sempre são intencionais ou baseados na autocompreensão. Na verdade, eles também não são uma solução de longo prazo e podem ser desadaptativos.

Na análise existencial, há quatro categorias de reações de enfrentamento:

1. Distanciamento
2. Hiperatividade
3. Agressividade
4. Congelamento

Todas essas reações têm o mesmo objetivo: nos proteger. São apenas abordagens diferentes.

1. Distanciamento

Quando sentimos que estão nos desrespeitando ou impondo coisas contrárias aos nossos interesses, tendemos a nos afastar dos outros e/ou da dor com que somos confrontados. O objetivo do distanciamento é, em última instância, preservar nosso senso de identidade, evitando situações que o ameacem. No entanto, ao nos distanciarmos, podemos também, sem perceber, impor limites que nos isolam, ameaçam nossas relações e nos levam à solidão. *Aqui estão alguns comportamentos comuns de distanciamento:*

- **Sair andando.** As pessoas saem andando quando não se sentem seguras para conduzir uma conversa. Quando viramos as costas, é como se nos convencêssemos de que não precisamos passar por aquilo. É uma forma de rejeição e uma declaração: *Pode continuar, mas não comigo.* O limite é o afastamento físico.

  Nunca saí andando de uma conversa, mas já fizeram isso comigo. A sensação não foi boa, para dizer o mínimo, e imagino que tenha sido ruim para a outra pessoa também. Se alguém sai andando, é provável que sinta que não consegue mais coexistir conosco. Podemos ter discussões intermináveis para tentar definir de quem é a culpa, mas a pergunta mais importante é: "Como cheguei a uma situação em que meu Eu não consegue mais existir porque teme ser ferido ou ignorado?"

- **Desligar-se.** Retirar-se da conversa, ficando alheio ou em silêncio, é uma reação de enfrentamento muito comum. Mas você já parou para pensar por que isso tem a ver com limites? Fazemos a escolha (isto é, impomos o limite) de não nos envolver mais no diálogo nem mostrar nosso verdadeiro Eu. O silêncio pode ser extremamente passivo-agressivo e prejudicial, mas é muitas vezes um sinal de que a pessoa sente que não pode mais participar da discussão sem sair ferida.

  Outra tática – uma espécie menos óbvia de distanciamento – é distrair o outro do tópico em questão ao mudar de assunto ou minimizar o problema. Talvez você já tenha feito isso quando, por exemplo, uma pessoa trouxe à tona um tema difícil durante um jantar em família (digamos, sua solteirice) e você automaticamente a distraiu falando de uma oferta que viu no supermercado ou da sua promoção recente no trabalho. Às vezes percebo isso nos meus pacientes. Eles abordam um assunto delicado, mas logo em seguida passam a falar de algo claramente menos urgente como uma forma de se acalmar. Ter consciência desse padrão pode nos ajudar a perceber quando estamos nos sentindo sobrecarregados, incomodados ou inseguros e a substituir nossos limites reativos por regras intencionais.

- **Ser formal.** A formalidade é um modo comum de mantermos certa distância. Quando conhecemos alguém, muitas vezes nos comportamos de um jeito mais formal porque não há familiaridade, segurança ou compreensão profunda. Ao reintroduzirmos a formalidade em nossas relações, restabelecemos um limite e criamos a distância que desejamos entre nós e o outro.

Sabe quando, depois de um término, você vê a pessoa em público e age de maneira séria e formal, chamando-a pelo nome, não pelo apelido? Você passa a encerrar os e-mails com "Abraço" em vez de "Beijos". Ser formal é um jeito de dizer *Não somos mais próximos*. É manter a pessoa a certa distância para nos protegermos.

- **Encarar insultos como piadas.** É difícil negar que a risada e o humor têm um impacto positivo sobre nossa saúde mental. No entanto, quando usamos esse artifício constantemente para tirar o peso das situações ou nos distanciarmos da dor, isso pode nos impedir de encarar nossa realidade. Em poucas palavras, tratar algo (ou alguém) como piada é uma forma de não levar a situação (ou a pessoa) a sério. Nesses casos, estamos estabelecendo um limite ao dizer indiretamente: *O que você está falando não pode ser verdade porque, se fosse, seria cruel demais.* Então, em vez disso, damos risada de comentários ofensivos para não precisarmos lidar com a dor que sentiríamos se encarássemos a situação com seriedade.

- **Identificar-se exageradamente com o ponto de vista da outra pessoa.** Isso ocorre quando nossa tentativa de entender alguém é tão extrema que perdemos de vista nossa experiência – de modo intencional ou não. Fazemos isso para nos distanciarmos de nossos sentimentos, pensamentos ou necessidades. Até coisas maravilhosas como compaixão e empatia podem nos levar ao autoabandono em nome dos outros.

Digamos que você discuta com a pessoa amada. Pode ser que ela queira ir morar junto, mas você não esteja pronto. Ou talvez ela queira se casar e você não acredite na instituição do casamento. Seja qual for o problema, você decide fazer o que *ela* quer e acaba se vendo em um contexto que desafia o seu Eu. Isso se torna uma ameaça ao seu senso de identidade, porque suas ações não se alinham mais à maneira como você se entende. Esses são exemplos simples do que pode acontecer quando começamos a apagar nosso contorno e a expandi-lo para incorporar outra pessoa. Às vezes tentamos nos forçar a adotar crenças e desejos dos outros. Outras vezes, sentimos que esgarçar nossos limites é mais seguro que torná-los mais rígidos – mas há casos em que isso não é verdade. Podemos acabar cedendo demais em um relacionamento e, com isso, perder nosso Eu.

2. Hiperatividade

A hiperatividade é nossa tentativa de criar espaço para nosso Eu e seguir em frente ao ignorar, fugir ou passar por cima do que está nos magoando ou ameaçando. Também podemos descuidar de nós mesmos na esperança de sermos vistos e reconhecidos pelos outros.

Muitas vezes isso se manifesta como uma mentalidade de realizador. Você talvez limpe a casa o tempo todo, entre para um monte de clubes, se esforce para atingir a perfeição (para que ninguém possa reclamar de você ou culpá-lo) ou se distraia ficando constantemente "ocupado" para impressionar os outros. Mas, na verdade, você está funcionando quase como uma engrenagem, agindo sem ter uma experiência interior. Fica tão ocupado que não interage com o que está realmente acontecendo. Torna-se uma carapaça que não se preocupa com o ser que vive dentro dela – ou talvez nem tenha consciência de que ele existe. De acordo com Längle, se esse mecanismo de enfrentamento falasse, diria algo como: "Preciso fazer o tempo todo algo visível para me legitimar aos olhos dos outros, para poder *viver!*" Em vez de nos afastarmos ou nos silenciarmos, como fazemos quando distanciamos nosso Eu, essa reação nos faz seguir em frente passando por cima das coisas, nos tornando *mais* ativos para lidar com a ameaça. É como se quiséssemos agradar as pessoas a qualquer custo: nos concentramos no outro – ou nos adaptamos a ele – para evitar interações genuínas. Queremos um reconhecimento de fora porque não conseguimos oferecê-lo a nós mesmos.

Pessoas exageradamente ativas muitas vezes buscam atenção pela maneira como falam, se vestem e se comportam. Como todos nós, elas têm um desejo de serem vistas, um anseio de que alguém reconheça sua existência. Isso não se deve ao fato de serem autocentradas; é uma tentativa de autopreservação. É mais provável que elas "sigam o fluxo" ou cedam aos desejos do outro, ainda que se sintam magoadas ou prejudicadas. Elas podem se identificar com o agressor, rir de suas piadas ofensivas ou até concordar com ele. Isso ocorre porque, se tiverem um senso de *pertencimento* (justificado ou não), elas talvez se sintam protegidas da ameaça de serem descartadas ou de se perderem.

3. Agressividade

Quando nos sentimos ameaçados, não é incomum agirmos com agressividade. Isso pode se manifestar como intolerância, desavença, indignação, exigência ou desrespeito aos limites físicos das pessoas. O objetivo principal é se posicionar (de forma metafórica ou literal) contra alguém. Muitas vezes somos agressivos para sermos vistos e levados a sério, algo como dar um grito quando alguém esbarra na gente no metrô lotado – um jeito de sinalizar nossa presença e evitar mais esbarrões. De acordo com Längle, se conseguíssemos falar com clareza nesses momentos, diríamos algo como: "Por favor, olhe para mim. Estou aqui e estou sofrendo. Você pode parar, por favor?"

Muitas vezes vejo a agressividade surgir quando alguém considera uma situação ultrajante ("Como ele *ousa*? Como é *capaz* de fazer uma coisa assim? *Nunca mais* vou deixar isso acontecer comigo!"). Quando temos uma profunda sensação de injustiça ou de degradação que nos desumaniza, reagimos: "Não admito ser tratado dessa maneira!" Transformamos nossas emoções intencionais em algo que *parece* uma ação externa.

Primeiro vem a agressividade, depois o instinto de luta. Precisamos lembrar que a raiva anseia por ser *vista*. Ao contrário da tristeza, que frequentemente quer se esconder, a raiva suscita um sentimento de autoexpressão. A agressividade costuma surgir de uma profunda sensação de impotência e leva a um desejo de "atropelar" (destruir) a ameaça. Quando o impulso agressivo é combinado com um senso de "justiça" – isto é, quando achamos que temos o "direito" de reagir –, começamos a punir os outros. É um jeito de prejudicar o infrator para compensar a injustiça (ou seja, é uma vingança). É também um modo de "dar uma lição" em alguém, ainda que esse alguém seja você mesmo. A agressividade nem sempre é óbvia. Em um dos meus cursos de análise existencial, um professor disse que o sarcasmo é muitas vezes uma forma socialmente aceitável de agressividade – *essa doeu em mim*. Antes disso, eu era muito sarcástica (*todas* as minhas piadas eram nesse sentido), e só então percebi que, na verdade, eu estava com raiva.

Vejo um ataque de fúria como um pedido desesperado de reconhecimento. É um modo (equivocado) de se afirmar, de estabelecer território e de desenhar fronteiras em relação ao outro. É uma forma de estabelecer ou reforçar limites para que ninguém nos atropele. A intenção é boa, mas muitas vezes a execução é ruim.

Quando meus pacientes sentem a raiva ou a agressividade crescendo, peço que reflitam respondendo a estas três perguntas:

- Qual necessidade não está sendo suprida?
- Qual parte de mim se sente ameaçada?
- Qual limite está sendo desrespeitado?

Se não tomarmos *consciência* do que está acontecendo conosco, continuaremos tentando nos proteger por meio de ações destrutivas, não produtivas.

4. Congelamento

O congelamento ocorre quando nos sentimos incapazes de agir, quando algo é tão insuportável que ficamos paralisados ou paramos de sentir emoções. Uma forma mais leve disso é quando ficamos perplexos diante de um insulto que ameaça nosso valor. Podemos nos ver "sem palavras" quando não somos convidados para um evento, se alguém se esquece de nos dar um presente de Natal ou se falamos em um grupo e ninguém responde. É a sensação de ser negligenciado e não saber como seguir em frente.

Quando a negligência nos magoa demais, tendemos a fugir das pessoas. Se alguém nos rejeita, ignora nossos limites ou nos diminui (em especial se isso acontece repetidamente), podemos sentir que *nossa honra foi ferida*. É uma dor profunda. Um dano desse tipo a um relacionamento – uma questão com a qual não sabemos lidar – pode levar a reações psicossomáticas como enxaquecas ou problemas digestivos.

Outras formas mais graves de congelamento são: perder a

fala; esconder as próprias necessidades por vergonha; esperar que a ameaça passe; reagir com amargura; negar os próprios sentimentos; ter lapsos de memória; ter episódios de dissociação ou despersonalização. Muitas vezes essas reações são resultado de um trauma grave, não de uma ameaça cotidiana ao Eu.

....

Pare e pense: o que seus limites reativos revelam sobre você?

É impressionante o esforço da mente para neutralizar os obstáculos ao nosso Eu. Contudo, por mais aguerridas que sejam, nem sempre nossas tentativas levam ao resultado desejado. O que *podemos* fazer é estabelecer limites *conscientes* (não reativos) que sejam capazes de eliminar a ameaça e gerar segurança nas nossas relações.

Antes de impor um limite, pergunte-se:

- Por que estou estabelecendo esse limite?
- Qual é meu objetivo com isso?
- Esse limite promove meu bem-estar?
- Reflete quem eu sou?
- Respeita quem eu sou?
- O que ou quem estou protegendo com esse limite?
- Esse limite promove relacionamentos saudáveis?
- Qual das minhas crenças fundamentais é a base desse limite?
- Essa é a melhor forma de expressá-lo?
- Qual é o melhor momento de estabelecê-lo?
- Qual será a consequência se alguém desrespeitá-lo?

Muitas vezes a maneira como entendemos o limite é o maior obstáculo para que ele seja estabelecido e respeitado. Limites costumam ser vistos como uma forma de rejeição ou ameaça, não como um mapa para que os outros entendam mais profundamente nosso Eu. Limites são, na verdade, uma moldura dentro da qual as pessoas podem passar a nos compreender melhor ao longo do tempo; uma moldura que vai proteger o importante processo de sermos quem somos.

A DURA VERDADE

Quanto mais fracos os seus limites, mais fraco o seu senso de identidade.

LEMBRETE AMIGÁVEL

Limites são uma forma de expressar amor. Devemos tratá-los como tal.

PARTE III

O Eu que você vive

Eu estive, e ainda estou, em uma busca, mas parei de questionar as estrelas e os livros. Comecei a escutar os ensinamentos que meu sangue sussurra para mim. Minha história não é agradável, não possui a harmonia gentil dos contos inventados; assim como a vida de todos os homens que desistiram de tentar enganar a si mesmos, ela é a mistura do absurdo e do caos, da loucura e dos sonhos.
– HERMANN HESSE, *DEMIAN*[53]

CAPÍTULO 7

Limpeza mental

Crie espaço para quem você é de verdade

Eu me considero uma pessoa minimalista. Todos os meus pertences materiais – todos *mesmo* – cabem em uma mala grande e uma bolsa de mão. Nem sempre foi assim. Minha busca pelo minimalismo começou sete anos atrás, em uma tarde fria e triste de inverno em Berlim. O céu escuro ameaçava uma segunda pancada de chuva e havia poucas pessoas na rua. Ninguém se deu ao trabalho de levantar os olhos enquanto eu passava arrastando minha bagagem enorme pelos paralelepípedos. Também não olharam quando tropecei, minhas malas desabaram e tudo que estava na minha bolsa caiu – carteira, chaves, passaporte e dispositivos eletrônicos espalhados pela calçada molhada. Ninguém parou para me ajudar. As pessoas simplesmente continuaram andando ao meu redor, ignorando meu problema. E eu, é claro, comecei a recolher minhas coisas como se não houvesse nada de errado. Acho que às vezes a vida é assim mesmo – sofremos sem que ninguém ao nosso redor se importe em reconhecer isso; nem nós mesmos.

Sem fôlego, finalmente cheguei à entrada de uma estação de trem. E, como estava na Europa, não havia elevadores ou escadas rolantes. Apenas eu, um monte de degraus e minhas malas enormes. Depois de duas viagens para cima e para baixo e umas duras pancadas nos tornozelos, cheguei à plataforma certa. Mas a porta não quis saber se metade da minha mala ainda estava fora do trem quando decidiu, sem dó, começar a fechar. Os outros passageiros me olharam com reprovação e, então, além de suada e frustrada, me senti humilhada. (Por que a pessoa enrolada é quem tem que se envergonhar? Não seriam aquelas que não ajudam que deveriam se sentir constrangidas?)

Depois disso jurei *nunca* mais viajar com mais coisas do que consigo carregar. Estava pronta para fazer uma limpeza e minimizar tudo na minha vida, não só meus pertences. Queria me mover com liberdade e ter um espaço que não tinha. Estava preparada para que a metáfora da minha vida deixasse de ser "carregar muita coisa nas costas". Era um estereótipo que eu detestava.

À medida que expurgava minhas posses materiais, comecei a perceber um aumento no meu espaço interno – era mais fácil respirar e tomar decisões. Primeiro doei, vendi ou joguei fora todas as coisas das quais não precisava mais (e que não cabiam mais em uma mala). Em seguida, comecei a vasculhar os objetos que ficaram na casa dos meus pais. Eu me livrei de velhos anuários, cobertores, ingressos de cinema e presentes aleatórios de amigos da família. Fiquei em dúvida se descartava aquele vestido de madrinha de casamento que eu poderia usar de novo se a família real me convidasse para um baile; todas as calças de cintura baixa para o caso de os anos 2000 voltarem à moda (já voltaram?); ou aquela saia que comprei para "quando emagrecesse". E que tal todos os presentes feitos à mão e cartas aleatórias do meu ex? E se voltássemos a namorar? O meu espaço mental estava cheio de entulho que consistia em hipóteses – os "e se?", os arrependimentos e os "talvez" da vida. Isso era muito mais prejudicial do que as caixas lotadas de objetos. No fim das contas, me livrar das minhas coisas me permitiu limpar os cantos da minha mente.

Assim como quando me livrei de um suéter de lã que me dava coceira para abrir espaço na minha mala, decidi parar de pensar sobre as opiniões das pessoas a respeito do meu divórcio pendente. A limpeza mental, para mim, significava eliminar tudo aquilo em que eu gastava meu tempo e minha energia e que não me servia nem se alinhava mais comigo. *Era abrir espaço para o meu Eu.* A limpeza mental pode ser (entre outras coisas) abandonar pensamentos, crenças, suposições, papéis, hábitos, medos, relacionamentos ou pertences – de preferência, aqueles que não têm mais serventia. É se livrar de tudo que não nos ajuda a *existir* no mundo de um jeito que honre quem somos e quem queremos ser.

Acho que o minimalismo costuma ser confundido com restrição do Eu. Mas, para mim, ter menos coisas (física e mentalmente) significava escolher *não* me restringir; era uma tarefa para preservar minha vontade, para abrir espaço e, consequentemente, para ser livre. Para mim, possuir menos coisas poderia dar ao meu Eu mais espaço para *ser*.

É o espaço que nos dá liberdade, porque, em termos existenciais, o espaço é onde podemos existir – no sentido literal e no figurado. Então é lógico que sem espaço deixamos de existir. É o espaço que nos apresenta a oportunidade de decidir, agir, nos mover, crescer e concretizar nosso potencial. Uma famosa citação atribuída a Viktor Frankl descreve isso perfeitamente: "Entre o estímulo e a resposta existe um espaço. Nesse espaço está nosso poder de escolher nossa resposta. Na resposta estão nosso crescimento e nossa liberdade." Quando não usamos o espaço, descartamos nossa autonomia e nosso poder e, como consequência, arriscamos perder nosso Eu.

O espaço não é garantido; é algo que *ocupamos e criamos.*

Quando sentimos que não temos espaço, paramos de oferecê-lo aos outros. Isso cria um círculo vicioso. Não conseguimos deixar os outros "serem" se não temos espaço suficiente para permitir que nosso Eu "seja" e vice-versa. Sentimos que o espaço que eles tomam está invadindo o espaço de que nós *precisamos* para existir. Por isso, antes de responder a uma mensagem irritante de um colega – ou antes de reclamar que seu cônjuge não lavou a louça... de novo –, tire um tempo para refletir sobre o que está acontecendo e como você quer agir nesse momento. *Use o espaço para pensar sobre quem você é e quem quer ser.* O espaço é o que nos permite ter ponderação – e, quando a vida fica agitada, é aí que tendemos a nos tornar reativos ou descuidados e... perdidos.

As decisões são nossas respostas intencionais à vida; as reações são ações impulsivas que costumam ter origem na dor, no medo, nas inseguranças e nas feridas. O espaço nos permite dar um passo atrás e ver todas as possibilidades que não se limitam ao momento ou à emoção atual. Ele nos dá perspectiva e traz nossos pés de volta ao chão.

Sem certa distância não conseguimos ver o quadro geral, por assim dizer.

Existem muitas formas de criar espaço e distância para nós mesmos. Por exemplo, podemos fazê-lo com nossa imaginação. Certa vez ouvi que, quando estava no campo de concentração, Frankl se imaginava após a guerra, discursando para plateias sobre suas experiências – e ele acabou fazendo isso mesmo. Outras estratégias são respirar fundo; praticar atividades físicas; fazer uma pausa ou dormir pensando no problema para acordar em um espaço *diferente*; encontrar humor e ironia nas coisas difíceis; ou apenas dizer *não*.

Para mim, abrir espaço significou me distanciar fisicamente das pessoas e dos lugares que dificultavam que eu agisse com propósito e autenticidade. O que começou como uma limpeza a ponto de todos os meus pertences caberem em poucas malas acabou virando o processo de fazer as malas e viajar pelo mundo. Desde a minha crise existencial e o divórcio que a sucedeu, venho vivendo basicamente como nômade. Abrir espaço era exatamente o motivo pelo qual eu viajava. Eu tinha um problema que precisava ser resolvido – bem, dois, na verdade: estava muito infeliz e não fazia ideia de quem eu era.

Apesar de viajar para "encontrar a si mesmo" ou "fugir das coisas" ter se tornado um clichê (carregado de privilégios), é algo que faz sentido. Buscamos mais espaços nos quais possamos existir, em especial quando sentimos que a situação atual não permite isso. A necessidade de procurar espaço em contextos externos costuma aparecer quando não tomamos a iniciativa de criá-lo no momento atual (ou quando, por qualquer razão, nos *sentimos* verdadeiramente incapazes de tomar a iniciativa). Muitas vezes nossos contextos são saturados por expectativas, opiniões, pessoas e rotinas que não deixam espaço para, bem, *espaço*. Começamos a funcionar no piloto automático. Passamos dias a fio sem muita intenção ou consciência.

Há um motivo para aconselharmos alguém a mudar de ares quando quer se livrar de um velho hábito (como o tabagismo). É porque, em um espaço novo, nos tornamos mais conscientes. Não existe a mesma pausa de dez minutos na mesma hora todo dia, na qual pegamos, sem pensar, nosso maço de cigarros, um café e saímos do prédio para fumar. Estar em um novo contexto nos permite *pensar* antes de fazer algo, porque não estamos mais operando automaticamente em nossa rotina diária. Isso abre espaço para decisões que vão além do simples hábito. É uma forma de retomar e utilizar nossa liberdade.

Às vezes, mover-se não é fugir – mas se *aproximar*. Viajar me deu espaço e distância, me permitindo *estar* com meus problemas e lidar com eles. Comecei a diferenciar meu Eu do problema, percebendo que eu era mais do que meu sofrimento, minha ansiedade ou meus relacionamentos "fracassados". A verdade é que quando entendemos que não somos nosso problema, recuperamos nosso Eu, ganhamos poder e – não se esqueça – continuamos responsáveis por quem somos.

POR QUE É DIFÍCIL SE DESAPEGAR

Muitas vezes é difícil se desapegar de *coisas* porque damos a elas um significado que não lhes pertence. Foi o que aconteceu comigo. Atribuí tanto valor e segurança a bens materiais que deixei de criar intencionalmente sentido e segurança dentro de mim.

Ter coisas não é um problema em si, mas o relacionamento que formamos com nossos pertences pode ser problemático. Abrir mão das coisas pode ser particularmente complicado para pessoas que, em certo momento, não tiveram suas necessidades supridas ou cresceram com alguma carência. Quando eu era uma criança em meio à guerra, itens básicos – como comida – eram escassos. Para minha família, não existiam coisas além do básico. Não era "minimalismo": era trauma. Não nos sentíamos livres e cheios de espaço, mas vulneráveis e inseguros. As coisas de que precisávamos, e que tinham importância para nós, haviam sido tomadas a força.

O resultado foi que os membros da minha família passaram a segurar firme seus pertences, não necessariamente porque achavam que as coisas materiais tinham valor, mas porque não queriam passar pela experiência de ficar sem elas. Eles guardavam cada peça de roupa, cada lata meio cheia de spray de cabelo, porque talvez, quem sabe, fossem precisar daquilo outra vez. E mesmo quando enfim passamos a ter dinheiro para comprar uma camiseta ou um travesseiro novo continuou sendo difícil mudar nossa mentalidade.

Lembro quando me mudei para o alojamento da faculdade com o carro abarrotado de tralhas e, ainda assim, infeliz por não poder levar tudo de que "precisava". Hoje em dia soa ridículo, mas sei que aquela versão de mim ansiava por estar rodeada de objetos conhecidos durante aquela transição. O que importava era a sensação de segurança, não a vela meio queimada que levei mesmo sabendo que nunca poderia acendê-la por conta das regras do alojamento. Aquela vela me lembrava de casa. Aquele cobertor colorido, feito à mão, que não combinava com mais nada no meu quarto, me lembrava de quando me apaixonei pela primeira vez. E o barquinho de brinquedo, de madeira, representava minhas últimas férias (dez anos antes) com meu pai, um homem que eu amava mas raramente via. Eu tinha medo de que não guardar aquelas coisas pudesse tornar minhas experiências menos reais. Precisava de provas da minha vida e, por isso, protegia meus pertences – eles eram lembranças de quem eu não podia mais ser, de minhas versões que não existiam mais.

Dia desses uma amiga me fez uma pergunta bastante comum, porém instigante:

– Se sua casa estivesse em chamas, você se arriscaria a entrar para pegar o quê?

Minha resposta, após uma longa pausa, foi:

– Nada.

É verdade, não consigo pensar em qualquer objeto pelo qual arriscaria minha vida, nada material que me seja imprescindível. Também sinto isso quando minha mala não aparece depois de um voo e vejo o olhar acanhado do atendente do aeroporto, que não sabe me dizer onde ela está. Muitas vezes fico irritada a princípio, mas depois me sinto liberta. O meu lar é a minha alma, não uma construção de tijolo e cimento ou uma mala abarrotada.

Então pergunto a você: se sua casa estivesse em chamas, você se arriscaria a entrar para pegar o quê? O que é tão importante que vale pôr seu precioso Eu em perigo?

Há uma diferença crucial entre se apoderar de coisas e se apoderar do nosso Eu. Fazer uma limpeza geral na vida pode parecer ameaçador, porque é uma forma de desconstrução. É um método para compreender tudo que faz parte de quem somos (e de quem não somos), desemaranhando nossos hábitos, crenças, relacionamentos e feridas. Precisamos desconstruir para saber como queremos construir nosso Eu – **e a única maneira de criar nosso Eu é abrindo espaço para quem somos**. É hora de desapegar de ações, crenças, hábitos e perspectivas que não nos pertencem de verdade.

Expectativas

Muitos – acredito até que todos nós, até certo ponto – têm uma inclinação a permitir que as expectativas dos outros influenciem sua autopercepção, as escolhas que fazem e quem se tornaram. Sem que a gente perceba, nossas necessidades entram em competição: *Devo satisfazer a minha necessidade de ser autêntico ou a de pertencer e ser amado?*

Quando nosso Eu não está bem definido, aceitamos a clareza que vem das projeções (boas e ruins) dos outros, porque isso satisfaz nossas dúvidas. Nossa mente tem mais medo do desconhecido do que de uma imperfeição conhecida, então prefere classificar nosso Eu de forma incorreta ou generalizá-lo com base nas narrativas dos outros do que aceitar que não entendemos completamente quem somos. O modo como nos entendemos dita nossas ações (e o espaço que ocupamos no mundo) e, por isso, corremos o risco de nos tornar algo que os *outros* querem, ou acreditam, que sejamos.

Antes de encarar a perda de mim mesma, passei muito tempo *procurando ser* aquilo que os outros queriam ou de que necessitavam. Por fim, acabei criando uma versão inautêntica de quem eu era.

Nunca vou esquecer uma tarde em que tive uma crise de ansiedade súbita durante uma reunião importante no trabalho. Não lembro o que a desencadeou, mas de repente o estresse se tornou tão insuportável que apaguei. Literalmente perdi a consciência por vários segundos. Ninguém percebeu. Depois, ao fim da reunião, uma colega se aproximou de mim. Fiquei nervosa. *Será que ela viu? Será que me achou despreparada?*

Nada disso. Ela queria elogiar minha participação e meu desempenho na reunião. Disse que esperava um dia ser capaz de se portar com tanta autoconfiança quanto eu. Queria alcançar um ponto em que tivesse "tudo sob controle", assim como eu tinha alcançado.

Observei bem essa colega e vi em seus olhos uma enorme expectativa. Ali percebi que, pelo bem dela, eu deveria proteger a imagem que ela tinha de mim. Constrangida, aceitei o elogio, e ela nunca soube que eu só queria sair correndo para pesquisar meus sintomas na internet; eu queria ser qualquer *outra* pessoa que não eu naquele momento. Ela me ajudou a negar minha própria realidade e, então, adotei a percepção dela sobre o meu "sucesso" como minha própria compreensão de quem eu era.

Se ninguém percebe que estou sofrendo, será que estou sofrendo mesmo? Se ninguém vê que estou perdida, será que estou perdida de fato?

Você quer que eu tenha tudo sob controle? Beleza, vou ser essa pessoa.

Eu me dediquei a perpetuar esse entendimento falso de mim mesma. Imaginava infinitas maneiras de continuar fingindo. Isso acabou me levando a uma interpretação incorreta do meu próprio Eu. Devo admitir que, a princípio, fiquei aliviada quando minha colega não notou meu estresse, mas aí caiu a ficha – *ela não notou meu estresse!* Foi essa percepção que me ajudou a decidir não me preocupar mais com o que os outros queriam ou esperavam de mim. Por que viver em prol de pessoas que não me veem? Pessoas que não sabem como é *ser* eu?

Às vezes temos expectativas sobre quem somos (por exemplo, ser a pessoa que tem tudo sob controle, mesmo quando claramente não temos). Outras vezes incorporamos as percepções dos outros (por exemplo, ser uma "boa menina"). O problema de viver com base nessas expectativas é que, com frequência, elas não se alinham com quem somos. Mais cedo ou mais tarde, percebemos que perder nosso Eu para caber em um papel – seja ele atribuído por nós ou pelos outros – é um preço muito alto. Expectativas podem ser benéficas, contanto que sejam realistas e coesas (por exemplo, espero que meu Eu assuma a responsabilidade por *todas* as minhas decisões).

Aqui estão sete perguntas para desafiar seus "deveres" na vida:

- Essa expectativa tem a ver com quem eu sou?
- Ela me aproxima do futuro que desejo?
- Promove meu bem-estar?
- Respeita minhas necessidades?
- É realista?
- Para quem estou fazendo isso? E por quê?
- Quem impôs essas expectativas?

Pense nisto: se você dedicasse tanta atenção a adquirir um senso de identidade quanto se preocupa com seus "deveres", como isso impactaria sua vida? Sobre o que ficaria pensando? O que faria de diferente? Se escolhesse assumir a responsabilidade por quem você é e por quem está se tornando, como seus pensamentos, relacionamentos, focos e objetivos mudariam?

Hábitos

Liz tinha 34 anos e morava em Nova York. Esse havia sido seu sonho desde a adolescência. Aos 20 e poucos se mudou para lá, trabalhou em empregos terríveis, teve péssimos encontros amorosos e pagou aluguéis astronômicos – era tudo parte da *experiência*. Agora ela estava na casa dos 30, com uma carreira próspera, um apartamento dos sonhos e uma vida social divertida. As drogas e a bebedeira excessiva eram normalizadas e promovidas em seus círculos sociais. Ela não era muito fã disso, mas parecia ser parte do pacote. Relutante a princípio, acabou entrando na dança e, quando deu por si, estava cheirando cocaína e bebendo até desmaiar. Liz não gostava dessa parte de si mesma, mas o que começou como uma atividade social esporádica acabou se tornando rotina de sexta à noite, e ela não sabia como sair dessa. Chegou um momento em que ela e seus amigos não planejavam mais os programas; apenas apareciam no mesmo bar às oito da noite, prontos para a festa. Sei como é. É como quando minha irmã e eu dizemos "Vamos comer" e começamos a andar no piloto automático até nosso restaurante coreano favorito. É um hábito, uma memória muscular. Mas os hábitos são rotinas que acabam nos moldando. Em vez de nos render a eles, devemos examiná-los:

- Que hábitos você adquiriu por causa do seu ambiente?
- Que hábitos não reforçam quem você é e quer se tornar?
- Você tem hábitos que sabotam seu crescimento?
- Que hábitos nutrem você?
- E quais são incentivados pelos outros?

Nós nos tornamos aquilo que fazemos. Os hábitos são tendências ou práticas que podem se tornar automáticas. Fazemos uma coisa tantas vezes que ela passa a ser quase (ou totalmente) natural, a despeito da nossa falta de sintonia ou consentimento interior. Os hábitos são uma expressão de quem somos. Se não gostamos deles, é provável que não gostemos de nós mesmos. Não podemos fazer coisas que nos envergonhem e, ainda assim, admirar e valorizar nosso Eu. Seria como juntar os ingredientes errados e esperar que o bolo fique bom.

Existem muitos hábitos claramente destrutivos que talvez queiramos abandonar, como beber quando estamos chateados, fumar quando bebemos ou mandar mensagens depois de beber. Mas há outros hábitos menos óbvios que pode valer a pena romper, tais como:

- Basear sua identidade nos relacionamentos com os outros
- Contentar-se com menos do que você merece
- Esconder seu sucesso para não incomodar os outros
- Mentir para manter a paz
- Colocar as necessidades de outras pessoas acima das suas
- Beber para lidar com o estresse
- Desculpar-se por coisas que não são culpa sua
- Não impor seus limites por medo de rejeição
- Negar sua realidade
- Trair a si mesmo pelo bem de um relacionamento
- Buscar a validação dos outros em vez da sua validação interior
- Oferecer conselhos que ninguém pediu

É importante também lembrar que nem todos os hábitos são ruins. Hábitos saudáveis podem facilitar uma rotina que promova a vida que queremos e ajude a normalizar e internalizar atitudes para *sermos* quem queremos ser.

Entre os hábitos saudáveis estão: fazer algo reconfortante em vez de pegar o telefone e ligar para alguém na tentativa de aplacar a ansiedade; assumir a responsabilidade por suas palavras e ações; desculpar-se logo depois de cometer um erro; não se levar tão a sério; dar a si mesmo espaço para sentir e pensar. Hábitos saudáveis também podem ser coisas práticas, como telefonar para amigos ou familiares para ver como estão; escovar os dentes; beber água; e anotar coisas pelas quais você é grato.

Relacionamentos

Como acontece com muita gente, foi nos relacionamentos românticos que mais abandonei meu Eu. Passei anos tentando ser alguém que achava que meus parceiros queriam. Eu fingia gostar de hóquei, fingia estar confortável usando roupa "sexy", fingia estar "de boa" sobre as ambições (ou sobre a falta de ambição) dos meus companheiros. Fingia que minha libido era maior do que era, que não tinha problema com os comentários maldosos que eles faziam sobre meu trabalho ou com os sentimentos mal resolvidos que alguns ainda nutriam pelas ex-namoradas. Fingia não me incomodar com o fato de eles controlarem minhas amizades. Fingi por tanto tempo que chegou um momento em que eu acreditava nas minhas próprias mentiras e na maioria das noites ia dormir confusa, frustrada e com lágrimas nos olhos. A minha vida – a minha existência – era cheia dessas características e "preferências" que não eram minhas.

O casamento despertou o pior em mim (ou seria a versão errada de mim?). Eu desviava a atenção de quem eu era e incentivava meu marido a se concentrar na pessoa que ele queria que eu fosse. Ele acabou ficando com alguém que tinha muito pouco a ver comigo, e eu acabei sozinha.

Eu não estava presente, e foi por isso que nada parecia íntimo na nossa relação. Até o sexo começou a provocar uma sensação de repulsa em mim. Como descobri depois, o nojo é uma emoção que serve para nos proteger da contaminação ou sinalizar um desrespeito aos nossos direitos.[54,55] Estaria minha aversão me avisando de um desrespeito interior profundo que estava sendo causado por aquele relacionamento? Será que eu estava sentindo que aquele casamento estava contaminando meu senso de identidade?

Minhas emoções estavam tentando me dizer que era hora de "fazer uma limpeza" e deixar aquilo para trás, mas não dei ouvidos.

Curiosamente, naquele momento da vida eu *acreditava de verdade* que, assim como eu, as pessoas, em sua maioria, detestavam suas relações amorosas e a si mesmas (se fossem sinceras o suficiente). E, apesar disso, ficar com meu marido parecia menos doloroso que perdê-lo. Sem um relacionamento eu não tinha noção de quem eu era, e parecia que minha existência estava sendo ameaçada pela simples ideia de terminar aquela parceria. Hoje entendo que era o contrário: ficar naquele casamento era uma ameaça existencial.

Tive que aceitar que eu havia me casado com a pessoa errada e que esse único erro poderia acabar me definindo. Tive que superar o medo de me separar – o medo de ser vista como uma divorciada de 24 anos, de ter que ficar sozinha, de parar, escutar e dar espaço a mim mesma para poder me redefinir. Tive que me livrar daquilo que mais me ameaçava existencialmente – meu casamento – e abrir espaço para meu Eu agir, se movimentar, crescer e concretizar meu potencial. E foi isso que fiz.

Fazer uma limpeza nos relacionamentos é, talvez, o desafio mais difícil de todos. Costumamos investir muito tempo, energia e senso de valor nas relações. Com frequência, também temos pressuposições e crenças que nos impedem de ir embora,* tais como:

- "Nenhum relacionamento é perfeito."
- "Ele ficaria devastado sem mim."
- "Não quero acabar sozinha."

---

* Pressuposições se tornam problemáticas quando não as contextualizamos.

- "Fiz uma promessa."
- "Minha família não vai gostar disso."
- "Estou sendo egoísta."
- "Ninguém mais vai me querer."

Não vou repetir mais uma vez como nossos relacionamentos são importantes... *mas nossa existência depende, sim, deles.* A maioria de nós tem medo de repensar as relações (amorosas ou não), mas aqui estão algumas perguntas que podem facilitar o processo:

- Quais dos seus relacionamentos têm base no medo, na culpa ou na obrigação?
- Quais carregam uma compreensão equivocada de quem você é?
- Em que relacionamentos você pode ser o seu Eu?
- Quais deles nutrem quem você quer se tornar?
- Quais são construídos com base na confiança e na honestidade?

Às vezes colocamos muita ênfase em quando, como e por que cortar alguém da nossa vida, e acredito que é importante reconhecer o tipo de pessoa que vale a pena manter por perto:

- Pessoas que nos dizem a verdade
- Pessoas que nos incentivam
- Pessoas que demonstram qualidades que admiramos
- Pessoas que nos falam quando erramos (com amor e respeito)
- Pessoas que se dispõem a nos ver como somos
- Pessoas que nos aceitam
- Pessoas que nos respeitam
- Pessoas que querem o melhor para nós

Erros e feridas

Você já cometeu um erro e passou a encará-lo como parte da sua identidade? Vejo isso no meu consultório o tempo todo. Quando alguém nos magoa, nos tornamos uma *vítima*. Se traímos, somos *traidores*. Se largamos os estudos, somos *desistentes*. Se nos divorciamos, somos *divorciados*. Mas a verdade é que não nos *transformamos* nessas coisas; elas apenas se tornam parte de nós. Como consequência, precisamos nos curar, nos reconciliar com nós mesmos e nos perdoar.

Às vezes nos *perdemos* tanto em rótulos que acabamos permitindo que nosso passado nos defina e dite decisões futuras em vez de nos orientar. Por exemplo, a frase "Quem trai uma vez trai sempre" resume as pessoas ao erro que cometeram. É o equivalente a hastear uma bandeira que diz: NÃO ACREDITO QUE VOCÊ SEJA CAPAZ DE MUDAR! Em vez disso, por que não se referir a alguém que traiu como uma pessoa que cometeu um erro? Por que não lidar com ela de modo a promover o empoderamento e a resiliência (mesmo que essa pessoa seja o nosso Eu?).

Do mesmo modo, vejo indivíduos se portando como letreiros ambulantes de suas *feridas* – e por que não o fariam, quando os tratamos como tal? É normal se sentir oprimido pelas próprias feridas e estilhaçado até mesmo por uma única rachadura. Mas temos a responsabilidade e a liberdade de definir nosso Eu, ou seja, de fazer o que é necessário para que obstáculos ou traumas não consumam nosso senso de identidade. Posso estar soando insensível agora, mas a intenção não é essa. Sei que é muito injusto, depois de sermos despedaçados por alguém, ainda termos que recolher os cacos. Porém, se não o fazemos, quem sofre somos *nós*. Apesar de termos sido vitimados, o rótulo de *vítima* pode nos tirar o poder de nos tornarmos muito, muito mais.

Nossas feridas e nossos defeitos são reais. Não devemos negá-los, mas reconhecê-los como *parte* (não o todo) de quem somos. Devemos parar de usar nossos erros para ofuscar ou impor nosso senso de identidade. A maioria de nossos erros ocorre porque *não sabemos* quem somos, não porque eles evidenciam nosso Eu. Pelo contrário, eles destacam como a perda de nós mesmos se manifesta em nossa vida.

Desapegar-se não é fingir que algo doloroso nunca aconteceu. Não é diminuir o impacto de uma situação nem agir como se ela não nos incomodasse. Libertar o Eu de nossas feridas exige que mudemos o relacionamento que temos com a dor. Podemos passar a ter com ela uma relação de consciência e escolha (as melhores relações são assim). Não é parar de sentir a dor, mas aprender com ela.

Todos nós temos feridas. Algumas que lambemos, outras que não temos coragem de enfrentar e outras que cutucamos e tornamos mais profundas. Aqui estão algumas perguntas para ajudar você a refletir sobre suas feridas:

- Que dores você quer curar?
- Como é seu relacionamento com suas feridas?
- Existem coisas pelas quais você não consegue se perdoar?
- Que feridas você acredita que definem você?
- Em vez de definir, como elas podem lhe *ensinar*?

Redefinir a relação com as feridas não é o mesmo que positividade tóxica, que seria mais ou menos assim:

- "Tudo acontece por um motivo."
- "Olhe pelo lado positivo."
- "Poderia ter sido pior."
- "Cabeça erguida!"

Em vez disso, é entender que as mágoas têm o potencial de criar uma profundidade que nossa alma pode preencher. As feridas nos desafiam e nos cortam. Talvez não nos deixem "mais fortes", mas nos tragam o conhecimento de como é determinada experiência. Se permitirmos, isso também pode ser significativo.

Crenças

As crenças são um esconderijo conveniente para nossos medos. Todos temos crenças, algumas conscientes, outras não. As coisas em que acreditamos sobre o universo, as pessoas (cultura, idade, etnia, profissão), os conceitos de "bem" e "mal" e tudo o mais servem como parâmetros da nossa existência – é como entendemos o mundo. Ter consciência das nossas crenças é fundamental, em especial daquelas que promovem a perda do nosso Eu.

- Que crenças fazem você se sentir mal sobre si mesmo e onde, quando ou de quem você as adquiriu?
- Que crenças você tem sobre os outros?
- Sobre o mundo?
- Sobre seu propósito ou sentido na vida?
- Como as crenças que você citou estão afetando você?
- O que você acredita merecer?
- Quem você acredita que seja seu verdadeiro Eu?

Crenças também criam pressuposições, que substituem o livre pensamento e agem como atalhos para a mente. Elas nos ajudam a dar sentido ao mundo sem termos que processar informações o tempo todo. Porém, as pressuposições não deixam muito espaço para a autenticidade em nós e nas pessoas ao nosso redor.

Aqui estão quatro motivos pelos quais fazer pressuposições pode ser prejudicial:

1. **Muitas vezes, pressuposições estão incorretas.** Elas normalmente dizem mais sobre *nós* do que sobre os outros. Costumam refletir medos, inseguranças, vieses ou preconceitos.
2. **Pressuposições podem atrapalhar os relacionamentos.** Elas nos impedem de enxergar e tratar as pessoas como realmente são.
3. **Às vezes, pressuposições são preguiçosas.** Elas nos desestimulam a buscar as respostas de que precisamos.
4. **Pressuposições nos ajudam a evitar a responsabilidade.** Podem ser um meio conveniente de nos esquivarmos de responsabilidades, pois tendemos a culpar os outros (por exemplo, "Tratei aquela pessoa com desrespeito porque ela é X"). Criamos uma narrativa para enfrentar determinada situação ou para justificar nossos defeitos e comportamentos.

....

Gosto de pensar no espaço como um palco para nossa existência. Se o palco está ocupado por pessoas e coisas que não deveriam estar ali, não somos capazes de expressar nosso Eu; ficamos sem espaço para desempenhar o papel (para *ser* a pessoa) que mais se alinha conosco. Heidegger disse: "Como pode o novo dia nascer, se a noite lhe é negada e tudo é silenciado pelo crepúsculo da indecisão?"[56] Parafraseando: *Como podemos ser nosso Eu se o modo como existimos ainda expressa versões que não nos representam?*

No processo de fazer uma limpeza, abro mão de muitas versões de mim que foram criadas de maneira passiva, submissa e quase acidental. Apesar de Heidegger sugerir que autointerpretações equivocadas são obstáculos persistentes para a autenticidade, ele também argumenta que elas são necessárias:

Essas interpretações errôneas da transcendência, da relação básica do ser-no-mundo com os seres e consigo mesmo, não são meros defeitos do pensamento ou da argúcia. Elas têm sua razão e sua necessidade na própria existência histórica do ser-no-mundo. No fim, essas interpretações incorretas devem ser feitas para que o ser-no-mundo possa alcançar o caminho dos verdadeiros fenômenos ao corrigi-las.[57]

Quero que você saiba que não há problema em ter dificuldades com seu senso de identidade e que está tudo bem se você tropeçar em interpretações equivocadas no caminho. Saber que tudo isso faz parte do processo pode aliviar um pouco a pressão e nos ajudar a acolher o fato de sermos humanos.

A beleza está na decisão de agir – de ser – *agora*.

Então do que você precisa se desapegar para poder abrir espaço para o seu Eu?

A DURA VERDADE

Às vezes, antes de aceitarmos quem somos,
precisamos nos despir de tudo que não somos.

LEMBRETE AMIGÁVEL

Caro Eu,
Alivie o seu fardo.

CAPÍTULO 8

O corpo elétrico

Reconecte-se e converse com seu corpo

Sempre gostei do ditado "Não se pode ter tudo na vida". Por exemplo, você não pode aproveitar a liberdade de não ser responsável pelo próprio corpo e, ao mesmo tempo, desfrutar da deliciosa sensação de acolher por completo seu eu físico. A realidade é que *nunca* conheci alguém que rejeitasse ou ignorasse o próprio corpo e, ainda assim, mantivesse uma relação íntima consigo mesmo. Quando rejeitamos ou ignoramos nosso corpo, rejeitamos e ignoramos um aspecto importante do nosso Eu – e, para *sermos* de verdade, precisamos nos relacionar com *todos* os aspectos de quem somos.

Sabemos, no entanto, como é complicado construir uma relação saudável com nosso corpo – e os motivos dessa dificuldade são incontáveis. Uma das razões mais comuns e mais tristes – ou, pelo menos, uma das mais faladas – são as expectativas ilusórias impostas por dietas da moda, pelas redes sociais, pela publicidade, pela indústria do entretenimento, pelas diversas normas culturais e, às vezes, até mesmo por nossa família. Mas não podemos deixar de mencionar também aqueles que foram ensinados a ignorar o próprio corpo, que nunca se sentiram à vontade dentro dele, que aprenderam a usá-lo para obter amor ou aceitação, que foram vítimas de agressões físicas ou sexuais, que sofreram com dores crônicas ou transtornos alimentares, ou que têm alguma deficiência. E, por último, precisamos reconhecer aqueles que se sentem decepcionados com o próprio corpo por não conseguirem ter filhos ou prazer sexual, ou por estarem perdendo a batalha para alguma doença. Não importa quais sejam as razões específicas, uma relação negativa com o próprio corpo costuma ter três consequências (ou uma combinação delas):

1. Nós nos desconectamos do nosso corpo.
2. Nós nos preocupamos com nosso corpo.
3. Passamos a ter medo do nosso corpo.

Apesar de isso ser uma realidade, são pouquíssimas as pessoas que a reconhecem ou decidem fazer algo a respeito (e talvez não saibam nem por onde começar). Tendemos a prestar atenção genuína no nosso corpo apenas quando sentimos dor, quando ele não funciona direito ou quando estamos insatisfeitos com nossa aparência. Com o tempo, o corpo se torna algo que tentamos controlar e mudar, não algo que aproveitamos, sentimos e com o qual aprendemos.

Muitos não se dão ao trabalho de olhar o próprio corpo com carinho por sentirem que ele tem a *obrigação* de servir. Afinal, por que o validaríamos ou elogiaríamos por algo que ele supostamente "deveria" fazer? É o mesmo argumento que ouço quando as pessoas dizem: "Por que devo dar gorjeta a um garçom que foi educado e acertou meu pedido? É o trabalho dele!" Pois é.

No fim das contas, essa posição privilegiada a respeito do próprio corpo pode levar à perda de si mesmo. Quando o tratamos como um objeto, um servo ou uma posse, não nos esforçamos para construir uma boa relação com ele – e, consequentemente, nem com nosso Eu. Por mais inquietante que seja, essa é uma atitude muito comum.

Essa noção sobre o corpo costuma derivar da crença em que ele é separado da mente ou está em guerra com ela – é o que chamamos de dualismo. É uma ideia que costuma vir acompanhada de várias pressuposições. Uma delas é a de que existe uma hierarquia (mente acima do corpo), ou de que a mente é "virtuosa e boa" e o corpo é "profano e ruim". É uma suposição especialmente prejudicial, pois ficamos sujeitos a crenças que entendem o corpo como um impedimento à autorrealização, incitando-nos a "transcendê-lo". Narrativas como essa criam uma desconexão e, para alguns, até mesmo uma alienação de si mesmo. Sem perceber, tiramos do corpo seu significado e seu poder.

Entenda: *não existe hierarquia quando se trata do Eu; nenhum aspecto está acima dos outros*. O Eu precisa de coesão e alinhamento. Uma consciência aguçada sobre um aspecto não compensa a total ignorância sobre outro. Estarmos cientes de padrões cognitivos ou emocionais nocivos não anula a falta de conexão com nosso corpo.

Então por que acreditamos que quem somos é algo "a mais", "melhor" ou "mais sábio" que nossa dimensão física?

Um dos motivos é o fato de reduzirmos o corpo à função biológica e às características físicas, como a aparência. Começamos a vê-lo como uma mera ferramenta, não uma entidade que está presente, sentindo e se comunicando – e, com isso, entendemos o corpo como algo diferente, separado de quem somos. Essa desconexão, ou objetificação, muda a maneira como vemos nosso físico. Em vez de entendê-lo como parte fundamental de quem *somos* (uma realidade que precisamos aprender a aceitar), enxergamos o corpo como algo externo (um projeto que necessita de constantes ajustes). Ele se torna algo que podemos rejeitar ou descartar. Às vezes começamos até mesmo a vê-lo como algo alheio, que não faz parte de nós. Resultado: ele deixa de ser um "espaço" seguro e se torna uma moeda social com a qual compramos o amor, a aceitação e nosso lugar no mundo.

Muitas vezes tentamos encontrar o valor do corpo no que ele nos proporciona, não no que ele *é*. É claro que o corpo tem muito a oferecer, mas ele tem valor e propósito em si mesmo, e sem isso não existiríamos. *Pare um pouco para absorver essa ideia.* A sociedade fala muito sobre amor-próprio e positividade (ou neutralidade) corporal para incentivar uma mentalidade saudável e nutrir a autoaceitação. Apesar de admiráveis, esses movimentos desconsideram uma conexão importante que torna o objetivo – uma compreensão genuína do nosso corpo e da nossa conexão com ele – quase inatingível. Para mim, é como tentar fazer uma cirurgia cardíaca com um kit de primeiros socorros.

Para mudarmos nossa relação com nosso corpo, primeiro precisamos entender o que ele é.

COMPREENSÃO EXISTENCIAL DO CORPO

Pouco tempo atrás, fiz uma pergunta simples aos meus seguidores no Instagram: "Em que momentos você mais se sente como seu verdadeiro Eu?" Recebi uma quantidade impressionante de respostas e, apesar de haver milhares de variações, havia um tema comum: *corporeidade*. A maioria das pessoas citava atividades – caminhada, dança, alongamento, exercícios de respiração, choro, sexo – que permitiam o envolvimento e a vivência do corpo. Era nesses momentos que elas se sentiam mais autênticas, vivas e sintonizadas. Por que será que as respostas não foram "Quando leio uma revista" ou "Quando vejo Netflix"?

Porque a corporeidade é um caminho para a autenticidade.

Nosso senso de autonomia, coesão e continuidade do tempo se baseia na corporeidade. Isso quer dizer que se anularmos o corpo, anularemos nosso acesso ao Eu e, sem dúvida, o Eu em si. Como qualquer ser humano, vivenciamos o mundo através do nosso físico, interagindo com as coisas ao redor até onde nosso corpo nos permite ou restringe. *A vida entra através do corpo*; o corpo é poder.

Maurice Merleau-Ponty, filósofo francês conhecido por seu trabalho sobre a fenomenologia, escreve que "o corpo é nosso meio geral para ter um mundo".[58] E continua: "Dentro e fora são inseparáveis. O mundo inteiro está dentro e eu inteiro estou fora de mim mesmo."[59] Em resumo: *ao vivenciar nosso corpo, somos capazes de vivenciar e conhecer nosso Eu*. Sem uma experiência do mundo através do corpo não existe Eu. Não é surpresa, então, que o Eu não se "encontre" na mente, mas no *corps vivant* (expressão usada por Merleau-Ponty e que significa "corpo vivido"). O corpo vivido nos permite experimentar, participar e captar a vida.

Em termos existenciais, nós, humanos, não só "temos" um corpo, mas – de forma ainda mais significativa – *somos* nosso corpo (para nós e para os outros). Um corpo é mais do que carne e um coração que bate (mais do que vemos no espelho). Apesar de nosso corpo ser, sim, caracterizado por suas faculdades – capacidades, limitações e características objetivas –, ele é mais que um ente biológico ou uma *ferramenta* usada por nosso espírito. Entendo o conceito de Heidegger do *Dasein* (ser-no-mundo) como uma dinâmica entre o Eu subjetivo (mente) e o Eu objetivo (corpo), na qual ambos constituem e moldam um ao outro. Isso ocorre quando o corpo participa com suas experiências vividas e preserva a proximidade com suas sensações e sentimentos. São essas sensações corporais que representam *estar vivo, existir.*

Corpo-sujeito e corpo-objeto

Quando alguém olha para nós, isso revela nossa presença e confirma nossa existência. É por isso que, quando alguém se recusa a nos olhar nos olhos – ou nem sequer olha em nossa direção –, nosso instinto às vezes é dizer: "Ei! Estou aqui! Olhe para mim!" *Queremos* que nossa existência seja confirmada, reconhecida e percebida – e só podemos ser percebidos porque temos um corpo. Porém, ele representa não apenas a si mesmo mas também quem *somos*. Resumindo, nosso corpo é como um mediador, um agente que existe no mundo.[60]

Jean-Paul Sartre escreveu e falou extensivamente sobre a experiência objetiva e subjetiva do Eu. Costumamos vivenciar o Eu como sujeito (o narrador da história), mas se outra pessoa olha para nós por tempo suficiente, podemos tomar consciência de que somos um objeto na experiência subjetiva *daquela* pessoa (na narrativa *dela*). Como seres humanos, somos levados a ter em mente estas duas verdades: somos todos agentes – protagonistas da nossa vida –, mas também somos coadjuvantes na vida de *outras pessoas*, objetos a serem observados. (Você não achou que seria simples, achou?)

Um famoso exemplo que Sartre apresenta é o de alguém observando o que acontece atrás de uma porta fechada, através de uma fechadura.[61] De repente esse indivíduo ouve o som de passos vindo de trás dele. Nesse momento, percebe ter passado de observador a observado. O ato de ser observado o torna ciente de ser um objeto para outra pessoa. Não é que o observador nos "objetifique" de repente; nós é que fazemos isso quando começamos a nos sentir observados.

Já passou por algo parecido? Você está no metrô, estica o pescoço para ver o que o passageiro ao lado está lendo e, de repente, ele faz contato visual e vira as costas. Ou você está no carro, se remexendo ao som da sua música favorita, e percebe que o motorista ao lado está assistindo. Em ambas as situações, você talvez sinta vergonha porque, bem, convenhamos, ser notado pode ser *desconfortável*. Sentimos nossa liberdade ameaçada quando passamos de ser-para-si (*l'être-pour-soi*) a ser-para-outros (*l'être-pour-autrui*).[62] Ou seja, trocamos os atributos que percebemos em nós mesmos (como compreendemos nosso Eu) por atributos imputados a nós com base em quem somos para outra pessoa.

Da mesma forma, em nossas próprias percepções e narrativas sobre outras pessoas (os objetos) é importante lembrar que não adquirimos conhecimentos reais *sobre* o outro – não exatamente. Na verdade, ganhamos conhecimento *do* outro, o que nos permite vivenciar nosso Eu. Construímos uma ideia de como essa pessoa se apresenta para nós e como a vivenciamos – o que, por fim, nos dá mais informações sobre quem *nós* somos do que sobre quem ela é.

O que quero que você entenda é que nossa identidade é determinada por como nos apresentamos e vivenciamos o mundo. No entanto, *não podemos nos apresentar nem fazer qualquer coisa no mundo – não podemos existir – sem nosso corpo físico.* Nossa relação com o corpo, e a relação dele com os outros, é complexa e entrelaçada. Ela nos permite descobrir o que nos torna únicos e o que significa "ser quem somos de verdade". Quando nos sentimos desconectados do corpo, perdemos nossa fonte de vitalidade; **perdemos nosso Eu.**

Desconexão

Muita gente é ensinada a se desconectar do próprio corpo. Na nossa sociedade, é normal passar horas vendo vídeos ou rolando feeds nas redes sociais a ponto de nos tornarmos desatentos à nossa presença física. Muitos escolhem fazer isso não só porque libera dopamina (a substância química no cérebro que nos faz "nos sentir bem"), mas também porque permite que nos desconectemos de nossa existência. É quase como se uma parte de nós desaparecesse quando nos perdemos na tecnologia.

Essa sensação de "desaparecimento" acontece quando o corpo é reduzido à categoria de um mero objeto – uma máquina. Ele bombeia sangue, inala ar, reage a estímulos, mas deixa de ser fonte de compreensão da nossa relação conosco e com os outros. É isso que significa estar desconectado.

Para alguns, essa desconexão ocorre ao longo do tempo em consequência de algo que foi ensinado ou moldado. Para outros, pode acontecer como resultado de experiências desagradáveis ou dolorosas (como o falecimento de um ente querido) ou de um evento traumático (como um acidente de trânsito). O que complica ainda mais as coisas é que, muitas vezes, não percebemos quando nos desconectamos da nossa forma física. Sempre que atendo um novo paciente, fico curiosa para conhecer a relação dele com o próprio corpo. Costumo observar o jeito como ele fala sobre o corpo, quão conectado está a ele e se o trata como uma entidade, não como um objeto. Fico atenta a interpretações reducionistas do corpo e, muitas vezes, pergunto se o corpo tem algo a acrescentar à nossa sessão. *Se seu corpo pudesse falar, o que ele diria? O que ele está comunicando neste momento?*

Misha era uma jovem de 24 anos cujo mundo girava ao redor do seu relacionamento amoroso. Ela começara a terapia com a intenção apenas de destrinchar a relação e obter dicas para fazer o namoro "dar certo". Era muito autoconsciente e antenada às suas emoções. Ainda assim, eu tinha a impressão de que havia mais a ser revelado. Parecia que não importava quanto me esforçasse, eu não conseguia *ver* Misha. Não achei que ela estivesse escondendo algo de propósito, mas, sim, que ela não tinha acesso total a si mesma.

Ao longo dos anos aprendi que quando nossa mente não tem as respostas, o corpo costuma ter. Então, durante uma pausa natural na conversa, pedi a Misha que fechasse os olhos, respirasse fundo e pensasse sobre o namorado por um minuto. Acionei o cronômetro e bastaram alguns segundos para que lágrimas rolassem. Essas lágrimas logo se tornaram um choro incontrolável. Quando o minuto acabou, os olhos de Misha se abriram, incrédulos. Ela percebeu, pela primeira vez, que tinha medo do parceiro. O corpo dela sabia de algo que ela mesma não sabia; guardava coisas que ela tentara esquecer. Ali estava nossa resposta: Misha estava com dificuldades no relacionamento porque não se sentia segura nele.

Quando não consultamos nem damos ouvidos ao nosso corpo, acabamos ignorando nossas experiências, sem reconhecer o que precisa ser reconhecido e sem fazer as mudanças necessárias. Precisamos permitir que nosso corpo tenha um papel decisivo. Precisamos aceitar que a presença dele amplia, não limita, nossa compreensão subjetiva. Essa foi uma lição importante para Misha naquele dia.

Vejo o tempo todo a desconexão entre Eu e corpo, e nunca me surpreendo. As mensagens que nutrem tal dinâmica são sutis e crônicas. Muitas pessoas nem mesmo têm ciência de que foram ensinadas a ignorar o próprio corpo, a desconfiar dele ou a forçá-lo além de seus limites. Eis algumas frases que às vezes ouvimos e que contribuem para esse relacionamento disfuncional:

- "Não chore" (mesmo que esteja triste)
- "Você não pode ir ao banheiro" (ignore as necessidades do seu corpo até a aula terminar)
- "Coma tudo que está no prato" (mesmo que esteja satisfeito)
- "Pare de comer, para manter a forma" (mesmo que tenha fome)

- "Não reclame" (mesmo que esteja sofrendo)
- "O seu corpo precisa ser perfeito" (você deve criticá-lo e fazer o que for preciso para "consertá-lo")
- "O seu corpo é para os outros" (você não precisa se relacionar bem com ele, apenas *usá-lo*)
- "Esforce-se mais" (para que os outros possam ver os resultados)
- "Descansar é para os fracos" (ignore as necessidades do seu corpo)
- "Não faça tempestade em copo d'água" (entorpeça ou desconsidere seu desconforto)
- "Não durma com qualquer um" (desconsidere suas necessidades ou sua expressão sexual)
- "Não seja tão dramático" (não se expresse de um jeito que incomode os outros)

Essa desconexão entre corpo e Eu pode se manifestar de muitas – e inesperadas – formas. Um de meus primeiros pacientes foi um homem perto dos 30 anos que começou a fazer terapia para entender melhor seu vício em masturbação e pornografia. Ele percebeu como esse comportamento afetava sua vida amorosa e temia nunca conseguir ser feliz em um relacionamento duradouro. Ao longo de várias sessões, ele se mostrou frustrado porque não havia lógica ou "autocontrole" que o impedisse de ligar o computador e se masturbar cinco a oito vezes por dia. Ele contou que sentia nojo de si mesmo por sempre objetificar as mulheres e reconheceu que isso era degradante. Já nessa sessão, eu conseguia ver que, cognitivamente, esse paciente tinha consciência, mas, ainda assim, estava desconectado de tudo que estava dizendo. Não havia emoção; apenas uma expressão vazia em seu rosto. Era como se ele estivesse lendo um roteiro escrito por outra pessoa. Sua frustração veio a se transformar em raiva, e a raiva, em desesperança.

Após semanas trabalhando com ele – ouvindo sua narrativa e normalizando sua experiência –, comecei a notar o linguajar específico que ele usava quando falava do próprio corpo. Era vulgar, autodepreciativo e distante quando descrevia sua genitália e seus desejos. Eu não tinha percebido antes porque ele também falava assim sobre o corpo de outras pessoas.

Com o tempo, fui tentando mudar o rumo da conversa. Em vez de falar sobre a relação dele com o corpo dos outros, começamos a discutir sua relação com o corpo dele. Não demorou muito para esse paciente chegar à conclusão de que não estava procurando satisfação sexual, mas uma conexão consigo mesmo. Para ele, a masturbação era uma experiência corpórea que o ancorava e o ajudava a se sentir mais presente. Ele então percebeu que esse hábito havia começado logo após um acontecimento traumático (que ele, a princípio, não reconhecera como tal). Pouco depois desse insight, sua frustração se transformou em compaixão, e sua consciência, em mudança de comportamento.

A jornada desse paciente está gravada na minha memória. Não porque ele foi meu primeiro paciente homem, nem porque foi a primeira vez que lidei com o tópico da masturbação, mas porque ele me ensinou duas coisas importantes: 1) todos nós buscamos uma conexão com nosso Eu, mesmo que não estejamos completamente cientes da desconexão, e 2) todos temos uma narrativa sobre nosso corpo (esse paciente se achava "descontrolado" e "errado") e, a não ser que prestemos atenção, isso moldará nossa relação com nosso Eu sem nosso consentimento.

NARRATIVAS CORPORAIS

Imagine uma mulher andando na rua à meia-noite, com a maquiagem escorrendo pelo rosto. Ela carrega os sapatos de salto

alto nas mãos enquanto os pés descalços caminham pelo asfalto de Nova York. Ela parece embriagada, com o cabelo e o vestido desgrenhados. Esbarra em você, pois está olhando para o celular. Quando você se vira para ver a pessoa que desrespeitou seu espaço pessoal, ela nem ao menos se desculpa, apenas segue andando.

A maioria de nós sentiria uma pontada de irritação. Seria fácil fazer suposições com base no horário, na aparência e no comportamento da pessoa. Muitos partiriam para conclusões indelicadas. O que é difícil – ou até impossível – oferecer é compaixão pela experiência daquela mulher (porque não sabemos que experiência é essa).

Porém...

E se você soubesse que ela é casada e acabou de flagrar o marido na cama com outra? Ela os confrontou. Ele ficou agressivo, pegou-a pelo cabelo e a empurrou contra a parede. Ela ficou assustada e abalada, e então saiu correndo com os sapatos na mão, mandando mensagem para a melhor amiga ir buscá-la.

E se você soubesse que essa mulher estava em um bar para comemorar o aniversário da melhor amiga e recebeu uma ligação inesperada dizendo que o pai dela estava na UTI? Embriagada, ela saiu imediatamente do bar e tirou o sapato para poder andar mais rápido em direção a um táxi que a levaria ao hospital.

E se você soubesse que ela estava em uma boate, se embebedou, deu em cima da namorada de outra pessoa e entrou em uma discussão? Ela gritou e fez comentários vulgares sobre o casal até ser convidada a sair pelos seguranças.

E se você conhecesse essa mulher? E se, após ela esbarrar em você, você percebesse que se tratava de sua prima, amiga ou colega?

E se você visse nela o seu Eu?

Cada uma dessas narrativas mudou sua interpretação da história? Claro que sim. Quanto mais detalhes sabemos sobre alguém, mais isso transforma nossa relação com a pessoa.

É difícil amar ou gostar de alguém que não conhecemos bem. É difícil reconhecer o verdadeiro valor de uma pessoa quando somos separados dela pela distância ou pela falta de informação. É difícil construir uma conexão genuína com aqueles com quem não nos comunicamos. Quando encontramos estranhos (aqueles que não nos são familiares), é fácil julgar, temer ou pressupor. É fácil usar os desconhecidos como um quadro em branco para nossos preconceitos, projeções, suposições e inseguranças.

Quando nosso corpo é alguém que não conhecemos – um estranho –, fazemos a mesma coisa com ele. E, em consequência, aprofundamos nossa própria alienação. Mas quanto mais aprendemos – quanto mais consciência adquirimos –, maior a probabilidade de elaborarmos uma narrativa baseada na realidade. Isso nos força a reconciliar o que pensamos sobre quem somos e o modo como vivenciamos nosso Eu.

É apenas quando estamos dispostos a enxergar nosso corpo e compreendê-lo (até onde for possível) que nos abrimos para a intimidade, o respeito e a compaixão. Essa é a premissa que guia meu trabalho clínico quando ajudo pacientes a reconciliarem o corpo ao Eu. *Quando brigamos com nosso corpo, abdicamos de uma compreensão que anularia qualquer julgamento, medo ou crítica.* Para entender nosso Eu, precisamos acolher, e estar *dispostos* a acolher, tudo aquilo que o corpo contém: sabedoria, profundidade e os elementos que compõem nossa essência.

A narrativa do nosso corpo é muitas vezes limitada pelo jeito como "queremos" vê-lo e pela relação que acreditamos que devemos ter com ele. É tentador dizer "Não gosto do meu corpo" em vez de "Não gosto do meu Eu". Parece mais seguro. No meu trabalho, percebi que muitas pessoas projetam suas inseguranças e decepções no próprio corpo. Em vez de encarar a dura verdade de que não conseguem criar conexões, elas culpam o próprio corpo pela rejeição ("Deve ter sido por causa da minha aparência" – não porque fui grosseiro com a garçonete, ou porque não tínhamos afinidade, ou porque tínhamos expectativas diferentes). Em algumas instâncias – não todas –, nosso corpo se torna o bode expiatório da história do nosso Eu.

Você entende a história do seu corpo?
Que narrativas e crenças moldam a percepção que você
  tem dele?

Comece definindo para si mesmo a palavra "corpo". Você pode começar pelas perguntas a seguir. Dependendo da sua experiência de vida ou das suas "pressuposições", essas perguntas podem parecer mais difíceis de responder do que são para outras pessoas. Mas não importa quem você seja, explorar seu corpo é sempre importante.

- O que seu corpo significa para você?
- Como você descreveria sua relação com ele?
- O que você mudaria nessa relação?
- Que eventos influenciaram sua relação com seu corpo?
- Como seu corpo já ajudou ou prejudicou você?
- O que seus responsáveis ou parceiros lhe ensinaram sobre seu corpo?
- Você sente que seu corpo é um bem ou algo que lhe causa insegurança?
- Como você gosta de se referir ao seu corpo: *aquilo*, *ela*, *ele*, *eu*, etc.?
- Que feridas emocionais precisam ser curadas em relação ao seu corpo?
- O que você espera do seu corpo?
- O seu corpo parece ser *você*?
- Em que momentos você sente mais conexão com ele?

- Que parte sua você acha que seu corpo não representa ou ignora?

O processo de mudar a relação com nosso corpo começa com a avaliação e a recriação das narrativas e crenças que temos sobre ele. Para ajudar você a começar esse processo, vamos explorar algumas narrativas comuns que as pessoas têm sobre o próprio corpo e que podem fazer você repensar as suas.

Narrativa n° 1: Meu corpo não é um lugar seguro

Uma das narrativas predominantes é a de que nosso corpo não é um lugar seguro. Às vezes não confiamos nele, nem o valorizamos, já que ele parece trabalhar contra nós (em uma crise de ansiedade, por exemplo). Às vezes também nos sentimos ameaçados por seu processo natural de envelhecimento – e tememos perder nosso "valor". O ser humano tem medo do que não lhe é familiar e das coisas que não pode controlar. E, para nossa consternação, nosso corpo muda o tempo todo (em forma, peso, altura, cor do cabelo, textura da pele, densidade óssea). É por isso que a relação que temos com nosso corpo é complexa e está em constante mutação. A verdade é que nosso corpo se desgasta, declina e, por fim, perece. Somos condicionados a ficar insatisfeitos, ou até envergonhados, com as mudanças corporais (isto é, nos entristecemos por nosso corpo fazer exatamente o que deve fazer) e, em vez de celebrarmos nossa longevidade (se tivermos sorte!), ficamos cada vez mais insatisfeitos. Além disso, a sociedade "justifica" nossa crueldade e nos recompensa por cada tentativa de aprimorar, alterar ou "aperfeiçoar" nossa aparência. Não é nenhuma surpresa que ele não seja um lugar seguro; que, para muitos, ele seja retratado como o vilão da história. *Precisamos* mudar essa narrativa e, para fazê-lo, temos que confiar nos processos e na sabedoria do nosso corpo.

Sei como é sentir que nosso corpo não é um lugar seguro. Assim como muita gente, já me senti desconectada, consumida e amedrontada por ele (em vários níveis diferentes).

O medo não foi nosso primeiro conflito, mas foi de longe o mais desgastante. Aos 20 e poucos anos, eu morria de medo das minhas crises de pânico. Para mim, meu corpo era temperamental e irracional; sem qualquer aviso, ele poderia me paralisar. Mas essa semente do medo em relação ao meu corpo havia sido plantada, na verdade, no ensino médio – durante um telefonema.

Certa manhã, eu tinha 16 anos e estava sozinha em casa, me aprontando para ir à escola, quando um homem ligou para fazer uma "pesquisa". Fui pega de surpresa e tomada pelo pavor que sentia sempre que atendia sem querer a uma dessas ligações. Ele começou perguntando quantos anos eu tinha, e eu disse de cara que era menor de idade. Uma pesquisa normal seria encerrada nesse momento, mas, quando eu ia desligar, ele me surpreendeu ao dizer: "Não faz mal." Essa deveria ter sido minha deixa para desligar, mas fiquei tão confusa que continuei na linha.

O homem começou a fazer perguntas bastante inocentes – que músicas eu ouvia, a quais programas de TV assistia, com que marcas e cores gostava de me vestir. Em seguida pediu mais informações pessoais: minha idade, altura, cor de cabelo e a escola que eu frequentava.

Um sinal de alerta soou na minha cabeça. Então menti. E, cada vez que eu mentia, o homem ria ou murmurava "ahã" de um jeito que deixava claro que não estava acreditando em mim. Então perguntou: "Qual o tamanho do seu sutiã?"

Fiquei muda, o coração disparado. "Alô?", insistiu ele após alguns segundos. Saí do meu estado de choque e bati o telefone.

Verifiquei o identificador de chamadas. Era um número desconhecido.

Talvez fosse um trote, talvez não. De todo modo, foi assustador. Dadas a natureza das perguntas que o homem me fizera e a sequência de acontecimentos que se sucederam – mais ligações não identificadas, carros estacionados ou homens parados em frente ao nosso prédio –, a polícia achou que eu poderia ter sido alvo de uma tentativa de tráfico humano. Como eu andava até a escola pelo mesmo caminho todos os dias, talvez eles me conhecessem de vista e estivessem me seguindo havia algum tempo. Eu me senti ameaçada e a primeira coisa que culpei foi meu corpo. Dali em diante, sempre me pegava pensando: *Se eu não tivesse a aparência que tenho, não correria perigo. Se meu corpo não fosse atraente, talvez ninguém quisesse usá-lo ou machucá-lo.*

Avancemos um pouco para meu primeiro semestre na faculdade. Em questão de semanas eu tinha um stalker (sério mesmo, do tipo "vou matar seu namorado e trancar você no meu porão"). Esse cara acreditava ter ouvido Deus falando com ele e estava convencido de que era o novo Adão, e eu, sua Eva. Na mente dele, deveríamos povoar o mundo e pregar a "palavra". Sempre que eu olhava ao redor, ele parecia estar ali – assistindo de certa distância. Ele me seguia aonde quer que eu fosse e não era nada sutil; parecia acreditar ter o *direito* de supervisionar minha vida. Eu me senti ameaçada (de novo), e as pessoas foram ficando cada vez mais desconfortáveis em estar perto de mim, um alvo ambulante. O sujeito era considerado relativamente perigoso pela segurança do campus e, certo dia, foi internado por problemas de saúde mental. Não fui machucada fisicamente (mais uma vez, dei sorte), mas minha narrativa do medo sobre meu corpo se fortaleceu.

Se eu me arrumar demais ou usar roupas provocantes, estarei em perigo? Minha aparência é uma ameaça à minha vida? É seguro chamar atenção? Essas dúvidas me consumiam sempre que eu saía de casa. Demorou quase dez anos para esses pensamentos sossegarem e eu reescrever a narrativa. Nesse meio-tempo, porém, eu sempre andava com as chaves na mão e não usava muita maquiagem nem roupas curtas ou decotadas. Sei que não sou a única mulher a ter passado por isso.

Narrativa nº 2: Nosso corpo é um projeto

Nosso corpo foi despojado de sua profundidade e seu propósito, ficando nu e vulnerável às demandas da sociedade. Até nossa alegria parece, às vezes, depender da nossa aparência – com o padrão imposto pela cultura mudando a cada poucos anos. Cresci assistindo a inúmeros filmes que mostravam a menina nerd passando por uma transformação radical na aparência antes de encontrar o amor da vida dela – tudo embalado por uma trilha sonora fofinha. Mas até as meninas bonitas e populares estavam insatisfeitas. Acho que todo mundo já viu *Meninas malvadas*.[63] Sabe aquela cena em que as três amigas param em frente ao espelho e apontam coisas que odeiam no próprio corpo (quadris, panturrilhas, ombros, linha do cabelo, poros grandes, unhas)? A protagonista – interpretada por Lindsay Lohan – parece perplexa ao pensar que tantas coisas possam estar "erradas" no corpo de alguém. E é aqui que a verdade vem à tona: não existe corpo ou mudança de visual que seja "suficiente" para a sociedade, porque os padrões são inconstantes e ilusórios. Somos pressionadas a nos parecer com as mulheres que vemos nas redes sociais e nos filmes, mas nem elas se parecem com suas fotos e muitas não gostam da própria aparência.

Não importa por qual motivo, muitas de nós buscam provar seu valor através da aparência. Trabalhei com várias pacientes que levaram esse projeto a sério *demais* e prejudicaram algo importante (o próprio Eu) em favor de algo inatingível (a perfeição).

Ester, por exemplo, vivia desde pequena em conflito com o próprio corpo. Cresceu ouvindo críticas constantes e impiedosas da mãe, o que era preocupante, mas não me surpreendeu. Ainda na pré-puberdade, Ester já ouvia que era "gorda" e foi forçada a fazer dieta. Cresceu insegura e com dificuldade de se relacionar com os outros (principalmente com homens) e consigo mesma. Seu diálogo interior era mais que indelicado; era cruel. Ela nutria uma crença profunda em que se tivesse outra aparência, todos os seus problemas seriam resolvidos – ela amaria a si mesma e teria a admiração dos homens e a aprovação da família.

Então Ester fez dietas perigosas e restritivas e cinco cirurgias plásticas. A princípio, eram cirurgias supostamente "necessárias" – uma lipoaspiração aqui e outra ali para se livrar da pele extra após perder peso. Mas então ela começou a fazer mais e mais "ajustes", como aumentar os seios. Ela se sentia melhor por algum tempo, até que a sensação boa passava. Depois da última rodada de cirurgias plásticas, que envolveram uma recuperação terrível, Ester se deu conta de que a aparência dela nunca resolveria seus problemas (nem mudaria o jeito como se sentia). Ela lamentou o sofrimento e o risco aos quais forçou o próprio corpo. Tinha alterado a aparência e, agora, parecia "incrível" de acordo com os padrões convencionais. Mesmo assim, não conseguia amar e aceitar a si mesma. Ainda não estava feliz com quem era. Por mais alterações físicas que fizesse, ela não conseguia aquietar a insegurança, a vergonha e a ansiedade por não ser "boa o suficiente" ou "digna" de ser amada. Ela não era capaz de reconhecer o valor de quem *era*, e perder peso e mudar o formato do nariz não resolvia o problema.*

Em uma sociedade obcecada pela imagem corporal, é fácil permitir que nossa aparência desvalorize ou degrade nosso corpo. Mas concentrar-se apenas na aparência física seria como

---

* Não sou de forma alguma contrária a cirurgias plásticas, mas creio que a intenção, o motivo e as emoções que regem essa decisão moldam a experiência e o impacto que ela tem na vida das pessoas.

admirar a melhor cirurgiã cardíaca do mundo por suas belas madeixas. Quando nos importamos *apenas* com o aspecto *visual* do corpo, privamos o Eu da nossa identidade completa e do nosso senso de propósito.

Narrativa nº 3: Nosso corpo é uma ferramenta

Trisha tinha quase 30 anos quando se viu em um dos relacionamentos mais longos que já tivera – quinze meses, com um bebê a caminho. Certo dia, ela começou nossa sessão parecendo muito preocupada com sua vida sexual. A frequência do sexo estava diminuindo (devido ao desconforto da gravidez) e ela temia que o parceiro a largasse por causa disso. Apesar de reconhecer os próprios atributos físicos, Trisha não achava que seriam suficientes para manter o companheiro por perto se ele não estivesse sexualmente satisfeito. Ela gostava de transar com ele, mas sentia que a satisfação *dele* era a prioridade durante o sexo. E não era a primeira vez que ela pensava assim. Trisha havia usado seu corpo para agradar, pertencer e ser aceita desde que era pré-adolescente, quando beijava garotos em festas para continuar sendo convidada para os eventos da turma. E essa história sempre acabava da mesma forma: ela se sentia usada e vazia. Isso acontece porque o corpo não é uma ferramenta que podemos emprestar aos outros; ele é parte integral de quem somos. Trisha não estava ciente de quanto sacrificava ao não entender o valor do próprio corpo.

Isso não quer dizer que não possamos aproveitá-lo para alcançar objetivos – como correr uma maratona, dançar ou sentir prazer. Mas negamos o valor do nosso corpo quando o usamos como moeda de uma transação; quando desligamos o Eu da *experiência* do corpo para usá-lo; e quando perdemos de vista quão sagrado é nosso corpo e aquilo que ele representa.

*Já usou seu corpo de um jeito que não representava quem
você é?*

*Já agiu de um modo que não combinava com você (que não
parecia "certo")?*

*Já enxergou seu corpo como uma ferramenta, não como
uma extensão do seu Eu?*

Já perdeu de vista que seu corpo é a fonte da sua vida?

Narrativa nº 4: Nosso corpo é para os outros

Muitas vezes só damos valor ao nosso corpo quando outras pessoas também dão. Nossa opinião sobre ele reflete o jeito como os outros nos tratam. Uma de minhas pacientes, Olivia, era uma mulher inteligente e bem-sucedida de 40 e poucos anos que tinha dificuldade em namorar. Muitos de seus pretendentes ficavam intimidados por sua ambição e seu sucesso financeiro, além de perder o interesse quando descobriam que ela era virgem (ou pelo menos era isso que ela achava que acontecia). Ela havia crescido em um lar conservador e, apesar de não ter se mantido puritana, tinha pouquíssima experiência sexual.

Olivia se definia como "indesejável" e "pouco feminina" porque seu corpo não havia sido cobiçado ou explorado por outras pessoas. Pouco a pouco, ela passou a se depreciar por causa da falta de interesse dos outros. Mencionou que não se sentia "mulher o suficiente". Eu entendia seu ponto de vista: se Olivia acreditava que o corpo dela era destinado aos outros, então a falta de interesse dos outros desmerecia seu corpo – desmerecia seu Eu.

Apesar de consumir literatura erótica, ter um vibrador, coordenar um grupo de discussão on-line e trocar mensagens picantes, Olivia disse que ainda se sentia "incompetente". Então começou a escrever ficção erótica para expressar seus desejos e fantasias e se conectar com seu lado sensual. No entanto, como seus encontros reais não levavam a "lugar algum", ela ia às sessões de terapia sentindo-se desanimada por ter sido abandonada – mais uma vez – após revelar sua virgindade, ou porque alguém fizera um comentário grosseiro sobre não querer ser "responsável" pela primeira vez dela. Os homens queriam "se divertir", não ser suas "cobaias". Eles também perguntavam o que havia de "errado" com ela para já ter mais de 40 anos e ainda ser virgem. Por fim, Olivia começou a se sabotar (agir com frieza, fazer piadas inadequadas, evitar a vulnerabilidade e a honestidade) como modo de afastar as pessoas e perpetuar a narrativa de que ninguém a queria por ela ser virgem. No fundo, ela estava decepcionada com o próprio corpo, mas também tinha medo de tentar algo novo. Havia atrelado um significado à virgindade que ainda não estava pronta para descartar.

Sem saber, Olivia tinha permitido que as atitudes de outras pessoas (e seus medos e suposições) moldassem um dos relacionamentos mais importantes da vida dela – o relacionamento com o próprio corpo.

As ações ou palavras de outras pessoas já influenciaram seus sentimentos em relação ao seu corpo? De que maneira?

RECONECTE-SE AO SEU CORPO E DESCUBRA QUEM VOCÊ É

Não é fácil construir ou reconstruir um relacionamento com nosso corpo, mas é possível. Depois de desconstruir nossa narrativa, precisamos reconstruí-la – não só a narrativa mas também a relação. Não basta "entender" cognitivamente o corpo; é preciso vivenciá-lo, *incorporá-lo*. E parte desse trabalho é a conexão não só emocional e mental mas também física.

Seis maneiras de conectar-se ao próprio corpo

1. Monitore seu diálogo interior. Comece observando o jeito como você fala com (e *sobre*) seu corpo. Se não tiver nada de bom para dizer, não diga nada mesmo. Quando alguém elogiar sua aparência, não negue nem faça piadas autodepreciativas; apenas *aproveite*. Se decidir falar com seu corpo (seja em pensamento ou em voz alta), cuide para que suas palavras sejam genuínas. Elas não precisam ser "positivas", apenas respeitosas. Não seja cruel e se abstenha de apontar os próprios defeitos na frente dos outros. Uma regra geral é: se você não diria algo ao seu melhor amigo, não diga ao seu Eu (nem em pensamento). Sei que isso é difícil; requer disciplina e prática. Tudo bem deslizar de vez em quando. O primeiro passo é apenas observar e, então, tentar reduzir a crueldade. Com o tempo, você vai ver que a gentileza será mais natural e o respeito pelo seu corpo – e pelo seu Eu – será reforçado.

2. Mantenha a curiosidade. Permita que seu corpo fale, isto é, *ouça* o que ele diz, o que ele *realmente* quer em dado momento. Ele precisa de descanso ou de ar fresco? Quer ou *não* transar agora? O que sua linguagem corporal ou seus batimentos cardíacos estão tentando expressar? Mantenha um diálogo aberto e aprenda, aos poucos, a criar proximidade e intimidade com sua dimensão física. Procure saber por que suas dores de cabeça costumam ocorrer apenas quando você trabalha em certos projetos, ou por que sua ansiedade ataca sempre que você vai se encontrar com determinada pessoa. O corpo é sábio, então ouça o que ele tem a dizer. Não reduza nem restrinja sua compreensão dele. Reconheça que essa relação é contínua e que você

deve se esforçar para acompanhar essa entidade complexa e em constante mudança.

3. Identifique e atenda as necessidades do seu corpo. Quando ele der sinais claros de que precisa se hidratar, dormir, comer ou se movimentar, pare de achar que você sabe mais ou que não haverá consequências se ignorar o que ele tem a dizer. Ao satisfazer as necessidades dele, você ganha autoconfiança e mostra respeito próprio.

4. Movimente-se e interaja com seu corpo. Dê a ele permissão para se mover e se expressar. Conhecer seu corpo em um nível mais íntimo, primal e vulnerável ajuda você a viver com mais autenticidade. Dance, coma, faça cerâmica, faça trilhas, nade, corra, transe. Faça algo que lhe permita sentir o coração bater mais forte, que tire você um pouco do turbilhão mental e ative seus cinco sentidos. Se não souber por onde começar, sinta o prazer e a liberdade de experimentar coisas novas. Tente um monte de atividades e veja o que se encaixa melhor na sua vida – preste atenção no que faz você se sentir verdadeiramente vivo!

Sugiro o seguinte aos meus pacientes:

- Escolha uma música que reflita seu humor atual.
- Encontre um lugar onde possa ter privacidade e espaço para se mover.
- Acenda umas velas, apague as luzes, abra as janelas para deixar entrar uma brisa agradável, pegue um tapete de ioga. Faça o que for necessário para criar um ambiente calmo e agradável.
- Ligue o som e comece a mover seu corpo do jeito que ele quer se mover. Deixe-se guiar por ele. Não importa

se ele quer fazer um alongamento, dançar, pular, balançar a cabeça, deitar no chão e levantar devagar, respirar profundamente, etc.

- Não tente fazer bonito ou seguir um método, nem faça seus movimentos na frente de um espelho. O objetivo é deixar seu corpo se expressar da maneira que ele quiser, sem constrangimento.

Quando a pandemia começou e ficamos todos presos em casa, comecei a fazer um "exercício" diariamente. No começo era um pouco esquisito, mas logo me concentrei apenas na liberdade, conexão e intimidade que senti ao observar, vivenciar e me render ao meu Eu. Talvez eu parecesse ridícula, mas isso não fazia diferença. Tipo, *quem liga?* Se eu olhasse pela janela e visse alguém dançando livremente, só ficaria impressionada e inspirada, talvez até com um pouco de inveja.

Que tal tirar alguns minutos para experimentar?

Depois reflita por um momento. Que emoções, pensamentos ou até julgamentos surgiram? O que você percebeu em seu corpo? No peito e nos ombros? Na barriga? Na testa? Conseguiu se jogar com confiança? Como se sentiu ao fazer isso? Achou difícil ser espontâneo? Continue praticando; juro que com o tempo fica mais fácil ouvir o que seu corpo tem a dizer.

5. Examine seu corpo. Muitas vezes não temos consciência de como nosso corpo está se sentindo ou se ele está acumulando alguma tensão até o momento em que sentimos alguma dor física ou emocional.

    Experimente o seguinte. Feche os olhos, respire fundo algumas vezes e identifique qualquer tensão no seu corpo.

Como ela é? Uma queimação? Uma contração fria, como um bloco de gelo? Ela se move? A minha muitas vezes se manifesta como uma pressão no maxilar ou um aperto nos ombros. Se essas partes tensas do seu corpo pudessem falar, o que diriam?

Agora examine seu corpo de novo. Identifique as partes que estão mais relaxadas, centradas e ancoradas. O que você percebe? Onde há ausência de tensão? Como é a sensação? Descreva-a. De novo, se essas partes falassem, o que diriam? As minhas dizem "Você está segura", "Perceba a paz dentro de si" ou "Vai ficar tudo bem".

Esse simples exercício nos ajuda não só a perceber como nosso corpo está reagindo ao mundo em dado momento, mas também a nos ancorar fisicamente no aqui e agora.

6. Respire de forma dinâmica. Primeiro apenas perceba sua respiração. Não tente alterá-la. Ela é curta? Profunda? Rápida? Lenta? Agora inspire fundo e perceba o ar enchendo os pulmões. Prenda a respiração até ser "forçado" a soltar o ar e, então, expire o máximo possível até ser "forçado" a inspirar de novo.* O objetivo é sentir conscientemente sua falta de controle nesse ponto de transição, e então ser guiado pela sabedoria do seu corpo. É quando você consegue sentir a força vital dentro de si. É quando você aprende a confiar sua vida ao seu Eu e a depender dele.

Esse é um bom exercício para nos lembrar de que temos liberdade, mas também temos limites que não podemos mudar. Nosso corpo nos mostra quais são esses limites. Mesmo com toda a força de vontade do mundo, a resistên-

---

* Mais uma vez, obrigada a Längle por essa técnica simples, porém incrivelmente eficaz!

cia sempre será firme e impassível. O poder do corpo nos domina e pede nossa rendição. Isso não é uma ameaça, é *vitalizante*: nos permite sentir o poder da vida e desenvolver um senso de identidade mais seguro, centrado e ancorado.

Lembre-se: todo relacionamento leva tempo e requer cuidado e constância – não basta meditar uma vez e se alongar duas. Tenha em mente que sua relação com seu corpo é algo que você deve nutrir; ele não é apenas uma ferramenta para ser usada de vez em quando. Aprenda a honrar a sabedoria do seu corpo, permita que ele tenha voz ativa e trate-o como um aspecto fundamental do seu *Ser*. Tenha ciência de que nosso corpo é o meio através do qual vivenciamos o mundo e, em consequência, nosso Eu.

....

Como você já sabe, quando eu tinha 9 anos passei meses que me pareceram uma eternidade em abrigos antibomba. Com o tempo, minha família e eu aprendemos a fingir que nossos corpos não existiam; era um modo de suprimir as necessidades que não podíamos satisfazer. Ainda assim, os únicos momentos que preservavam nosso senso de humanidade – e, sem dúvida, nossa dignidade – eram aqueles em que expressávamos nosso Eu por meio da música e da dança. Isso foi o que mais me marcou. Era naqueles raros instantes que mostrávamos as coisas que tínhamos medo de dizer e nos apoiávamos na esperança que a cautela não nos permitia. E era nesses momentos corpóreos que eu encontrava pequenos e preciosos vislumbres do meu Eu.

Quando o mundo nos trata como se não fôssemos nada, quando nossa vida é ameaçada ou percebida como banal, é aí que *precisamos* sentir nosso Eu, provar que ele existe. É um processo ativo, um ato de rebeldia. Se nossa relação com o corpo é passiva, ela tem as características de todo relacionamento passivo: falta de sintonia, de comprometimento, de dedicação e de alegria. Se não reconhecemos o valor, a importância e o poder do nosso corpo e não escolhemos tratá-lo com respeito, é pouco provável que consigamos interagir ativamente com ele.

Não existe Eu sem corpo e, apesar disso, muita gente não aprende a se relacionar com ele. Agora devemos assumir a responsabilidade por esse aprendizado – com calma, gentileza e paciência. Primeiro temos que abrir mão das narrativas que nos cegam e, então, aprofundar nossa compreensão de quem somos. Não podemos ver um fragmento de uma pintura e entender por inteiro sua intenção nem sua beleza. Somos a obra de arte completa, e nosso corpo, apenas a tela – um ponto de entrada para nossa existência. Quando desaceleramos e fazemos uma pausa, podemos restaurar nossa presença, nossa vitalidade e nossa conexão com o corpo. Então, e *só* então, somos capazes de restabelecer nossa conexão com o Eu.

A DURA VERDADE

Você não pode rejeitar ou ignorar seu corpo e ainda assim ter uma relação íntima com seu Eu.

LEMBRETE AMIGÁVEL

Seu corpo tem muito a dizer. Escute.

CAPÍTULO 9

Sinta tudo

Vivencie e expresse suas emoções

Como sociedade, não ficamos muito confortáveis com as emoções – sejam elas nossas ou dos outros. É pouco provável que você ouça alguém dizer "Ai, meu Deus, você viu como a Karen ficou emotiva na festa ontem?" e interprete isso como um elogio. Ao ver uma pessoa gritar com a cara na almofada, dificilmente você pensa: *É isso aí, linda! Arrasou!* Quando expressamos emoções (em especial as que parecem "negativas"), muitas vezes enfrentamos julgamento, zombaria ou o rótulo de "irracional". Por alguma razão, "emotivo" se tornou sinônimo de "descontrolado". Muitas vezes nos sentimos, e fazemos com que os outros se sintam, envergonhados pelo simples fato de *termos* emoções.

E isso não vale apenas para emoções como raiva ou tristeza; também acontece com a alegria e a empolgação. Você já viu alguém totalmente eufórico ao encontrar um amigo, ganhar um prêmio ou conhecer uma celebridade? Talvez tenha pensado: *Calma, meu bem, isso é um pouco excessivo.* Eu com certeza já fiz isso.

Mas deixemos o julgamento de lado para falar sobre o motivo pelo qual muitas pessoas não suportam ver ou sentir emoções: é porque não sabem o que fazer com elas. Há muitas habilidades humanas básicas que não aprendemos em casa, na escola ou na vida em sociedade: como impor limites, como nos comunicar bem, como cultivar a autoconsciência e relacionamentos significativos – e como expressar emoções e lidar com elas de modo saudável. Pior ainda, aprendemos lições que agora precisamos desaprender. Quantas vezes já ouvimos que somos difíceis, dramáticos, sensíveis demais? Quantas crianças foram ensinadas a baixar a voz quando estavam empolgadas, ou castigadas por sentirem raiva? Quantas foram ordenadas a "parar de chorar" antes mesmo que os pais soubessem por que choravam? Muitas.

As crianças que eram elogiadas por serem "maduras" costumavam ser aquelas que se sentiam pressionadas a suprimir as próprias emoções ou atender às necessidades emocionais dos adultos. Essas mesmas crianças hoje são homens e mulheres que se sentam no meu consultório tentando aprender como *não* priorizar os sentimentos dos outros acima dos próprios, ou como parar de julgar e ignorar as próprias necessidades emocionais.

Algo que percebi no meu trabalho clínico é que, muitas vezes, os pacientes que sofrem da perda de si mesmos cresceram com responsáveis que tinham relações conflituosas, ou pouco saudáveis, com as próprias emoções. Nessas famílias, as emoções eram ignoradas, suprimidas ou, pior ainda, punidas. Muitos dos meus pacientes raramente viam seus responsáveis expressarem emoções e, quando o faziam, era apenas de modo confuso, exagerado, destrutivo ou prejudicial. Muitos foram desestimulados a identificar ou expressar suas emoções, tendo sua experiência constantemente negada ou questionada – ouvindo os pais dizerem coisas como "Foi *tão* ruim assim?", "Passei por coisa pior" e "O que há de errado com você?". Quando nossas emoções são rejeitadas pela nossa família, começamos a pressupor que também serão rejeitadas em outros relacionamentos. E nos tornamos mais propensos a rejeitá-las.

Em vez de nossas emoções serem recebidas com validação e

apoio, muitos de nós tinha que explicá-las, justificá-las ou defendê-las. Nossas necessidades emocionais raramente (ou nunca) eram supridas de verdade e, com o tempo, aprendemos que nossos sentimentos eram inúteis ou perigosos e que expressá-los era uma fraqueza ou até um fardo para os outros. É por isso que, desde muito novos, nós criamos uma relação tensa com as emoções. Aprendemos que não devemos confiar nelas, que precisamos escondê-las, controlá-las ou julgá-las. Considerando que sabemos agora que a autoexpressão é a única maneira de *sermos* nosso Eu, fica claro que aprendemos uma lição que quase impossibilita que sejamos quem somos.

É fácil nos sentirmos frustrados e decepcionados com nossos familiares ou responsáveis por terem criado ciclos geracionais que agora precisamos quebrar. Mas há uma grande probabilidade de que, em algum momento, essas atitudes e crenças tenham tido algum propósito específico (para eles e para você). Ainda que suas emoções sejam desconfortáveis, ou que você as evite ou tenha dificuldade de processá-las, se o tipo de relação que você tem com elas não lhe for mais benéfico, é hora de mudar.

....

Não vou mergulhar na ciência por trás das emoções (há muitos livros que já fazem isso); em vez disso, quero discutir a *filosofia* da emocionalidade. Vamos lá?

Aprendi que as emoções são *a experiência de se comover*. Lindo, não? Pessoalmente, eu daria um passo além e diria que as emoções são *o movimento interno do nosso Ser*. Não são apenas um sentimento subjetivo que temos a respeito de algo, mas *o pulso da nossa existência*.

Leia mais uma vez. É importante entendermos a gravidade e a importância das emoções, em especial se tivermos dificuldade em enxergar o motivo, ou encontrar o propósito, de tê-las.

Apesar de elas serem incrivelmente importantes, você sabia que, de acordo com a neurocientista e escritora Jill Bolte Taylor, a vida fisiológica de uma emoção dura cerca de noventa segundos? Mais especificamente, ela diz:

> Apesar de haver certos programas do sistema límbico (emocional) que podem ser ativados automaticamente, leva menos de noventa segundos para um desses programas ser ativado, atravessar nosso corpo e, então, ser completamente descartado da nossa corrente sanguínea.[64]

Chocante, não é mesmo? Tenho quase certeza de que você já passou mais de noventa segundos sentindo raiva, tristeza ou alegria. Então por que as emoções perduram? A resposta curta é que as narrativas que contamos e recontamos a nós mesmos reativam essas emoções repetidamente. Em vez de perceber a emoção – notar como nos sentimos e como isso está sendo expresso em nosso corpo, e responder de forma adequada –, nos apegamos ao *pensamento* que a provocou. É o apego, a interpretação, o significado que atribuímos ao pensamento ou situação que perpetua o sentimento e nos mantém reféns.

Então até que ponto o modo como nos sentimos é uma escolha? Se continuamos alimentando ou remoendo a narrativa que nos machuca, a culpa é nossa? Isso quer dizer que *escolhemos* nos sentir assim? A Dra. Jill responde a essa pergunta assim: "Após os noventa segundos passarem, tenho o poder de escolher com consciência os ciclos mentais e fisiológicos que quero seguir."[65]

Ufa! Lá vem o tema da *escolha* de novo.

O objetivo dessa perspectiva não é nos culpar por sentir coisas difíceis, mas nos dar poder. Ela se alinha perfeitamente à noção existencial de que *as emoções passam pela essência de uma pessoa* – elas "transitam pela liberdade pessoal".[66]

É por isso que as emoções sempre têm origem em uma *razão* – isto é, sempre temos um "porquê" de sentir o que sentimos. As *razões* comunicam aquilo que valorizamos, individual e intrinsecamente. E os *valores* são as coisas que percebemos e sentimos, subjetivamente, como valiosas ou não (e, portanto, nos ajudam a nos aprofundar na própria existência). É o que mais nos importa! E, para fechar o ciclo, os valores são nossas razões intrínsecas para preferir uma coisa a outra. Dizemos que algo é um valor quando aquilo nos toca e produz um sentimento positivo (ou o oposto: quando o sentimento é negativo ou não se alinha conosco). Vivenciar o modo como nossas emoções se comunicam com nossos valores é a chave para nos relacionarmos diretamente com elas e com nosso Eu.

Por exemplo, se você valoriza a beleza, pode ser que se impressione com uma pintura ou música belíssima. Se valoriza a vida e a justiça (como a maioria de nós), ver cenas de guerra no noticiário pode provocar emoções "negativas" (raiva, tristeza), porque nada daquilo se alinha aos seus valores.

Os valores influenciam bastante nossa maneira de tomar decisões e exercer nossas liberdade e responsabilidade. A tarefa existencial das emoções é "detectar os valores pessoais relevantes nas nossas experiências e estimular nossa vida".[67] Ou, para simplificar: as emoções fortes demarcam o que é importante para nós, enfatizando essas coisas no nosso dia a dia.

Pergunte ao seu Eu: *O que tem me trazido alegria ultimamente? O que tem me empolgado? Quando foi a última vez que senti desespero ou agonia?* Aposto que as respostas revelam o que você mais valoriza.

Enfim: *para sermos nosso Eu, precisamos sentir.* É por isso que todos nós procuramos vivenciar *algo*, seja através da pessoa amada, dos filhos ou da carreira. A maioria de nós anseia por *sentir* a vida, mas também morre de medo disso. Então nos distanciamos do nosso Eu. Algumas pessoas escolhem continuar perdidas – indisponíveis emocionalmente – porque têm medo de encarar o que, e quem, encontrarão dentro de si. Outras criam um hábito inconsciente de entorpecer as emoções com uma agenda social lotada, bebendo religiosamente aquela taça (ou garrafa) de vinho logo que chegam em casa, ou mergulhando das redes sociais para não pensar nas coisas.

Podemos não estar cientes disso, mas a *maioria* de nós anda no piloto automático emocional. Não fomos ensinados ou incentivados a observar, validar ou expressar nossas emoções, então é claro que não conhecemos a pessoa que as sente e temos dificuldade para desfrutar a vida.

OBSERVE SUAS EMOÇÕES

Todos já sentimos nosso corpo se ajustando a algo – hormônios, fusos horários, climas –, percebemos uma mudança fisiológica e começamos a criar uma nova história com base nessas sensações. Por exemplo, talvez você esteja menstruada e o inchaço, somado a um filme triste que você viu ontem à noite, faz você se sentir solitária e ressentida e pensar que vai morrer sozinha (sei bem como é!). Nossas narrativas são poderosas, *mas* nem sempre refletem a realidade. É por isso que é importante ter a habilidade de observá-las, assim como a de separar os fatos das projeções, suposições e interpretações. Isso nos ajuda a nos relacionarmos não só com outras pessoas, mas também – repita comigo! – com nosso Eu.

Observar as emoções é o primeiro passo para entendê-las. Em vez de avaliá-las (isto é, julgá-las como "boas" ou "ruins", "positivas" ou "negativas"), devemos começar a vê-las como mensageiras do nosso mundo interior. Devemos enxergá-las como nossa vivência e a essência que se origina do nosso encontro com o mundo ao redor. Em vez de se perguntar "Será que eu deveria me sentir assim?", comece a refletir:

- Que crenças sobre as emoções estão me impedindo de acolhê-las?
- O que essa emoção está tentando me dizer sobre mim?
- O que esse sentimento está me dizendo sobre o modo como estou me relacionando com os outros?
- Como esse sentimento me transformou?
- A que valor essa emoção se refere?
- A que narrativa estou me apegando? Por quê?
- Estou sentindo mais de uma emoção?

As emoções elucidam nossas experiências e nosso Eu. Ao senti-las por completo, não nos tornamos prisioneiros delas, mas obtemos *informações*. Ainda assim, é importante observar que não precisamos parar e sentir *cada coisinha* o tempo todo. Não seria sensato. O objetivo não é ser consumido pelas emoções, mas estar *ciente* delas; conectar-se com o Eu através delas.

Como reconhecer as emoções sem ser consumido por elas?

Às vezes, observar as emoções é difícil. Isso é normal. Mas aqui vai um truque que ensino a meus pacientes: quando sentir uma emoção muito forte, tente identificar uma ou duas *outras* emoções que também estejam presentes; quanto mais, melhor. Pode parecer contraintuitivo tentar sentir *mais* quando você está sobrecarregado, mas identificar múltiplas emoções pode diluir o poder de uma emoção maior. Isso também oferece uma representação mais realista do que você está sentindo. Você pode estar aflito, mas também triste, decepcionado ou com raiva. Pode estar se sentindo frustrado, isolado ou apenas com fome (o que é muitas vezes o meu caso!). Conseguimos suprir melhor nossas necessidades quando somos capazes de identificá-las.

Essa prática nos leva muitas vezes a descobrir que estamos sentindo emoções contraditórias. No entanto, quando sentimos uma emoção forte, a maioria de nós não se *permite* sentir outra coisa que pareça contradizer aquilo. É difícil manter as duas emoções. Uma combinação comum, por exemplo, é tristeza e alívio; só que costumamos ignorar o alívio, pois não sabemos como interpretar esses dois sentimentos juntos. Então nos concentramos exageradamente na tristeza. É possível sentir alegria *e* medo, mas então escolhemos enfocar apenas um dos dois como uma estratégia de autopreservação (em geral, nos concentramos na emoção que nos deixa mais desconfortáveis e parece ser uma ameaça maior). Acontece que somos seres humanos complexos, capazes de sentir uma vasta gama de emoções contraditórias – cada qual expressando algo diferente ou representando um valor único. Até aprendermos a carregar isso tudo, só veremos um lado de nós.

Como reconhecer que emoções não são fatos?
Lembre-se: os sentimentos representam nossa realidade subjetiva, nem sempre os fatos. Só porque você se *sente* rejeitado, não quer dizer que alguém o está rejeitando. Só porque se sente inseguro, não quer dizer que não tem a capacidade de fazer algo. Só porque está triste, não significa que sofreu alguma perda objetiva. Isso não invalida seus sentimentos, mas estabelece um limite. Eles representam sua realidade, seus gatilhos, suas feridas, seu cansaço, seus níveis de hormônios e muito mais. Isso não quer dizer que não devemos dar crédito aos sentimentos, mas que às vezes eles não mostram o quadro geral – ou nem mesmo o quadro correto. Para ser mais precisa, os sentimentos representam nossa *experiência* desse quadro.

Como reagir melhor às emoções?

Muitas vezes não percebemos nossas emoções até que elas se tornem muito intensas. Temos métodos inteligentes para contorná-las ou ignorá-las para não lidar com elas... até isso ficar impossível. Porém, se não observarmos nossos padrões emocionais, é improvável que tomemos uma atitude para mudá-los. Percebi que, como humanos, tendemos a fazer duas coisas:

1. **Transformamos uma emoção em outra mais aceitável.** Exemplo: podemos transformar a raiva em ansiedade. Se você tiver sido criado em uma família que reprimia a raiva, ou se seu parceiro fica agressivo diante de sinais de frustração, você talvez tenha aprendido que a ansiedade é uma emoção menos perigosa ou mais aceitável. Às vezes também permitimos que nossa falta de autoconsciência confunda as pessoas ao nosso redor. Queremos que elas "saibam" por que estamos chateados sem precisarmos dizer nada.

2. **Transferimos frustrações.** Digamos que seu chefe tenha gritado com você. Você entende que gritar de volta não é uma alternativa, pois com certeza levaria à sua demissão. Então você suprime as emoções, volta para casa e grita com seu namorado. É óbvio que isso não é justo. Você transferiu sua frustração de uma pessoa ou coisa para outra – algo ou alguém que (provavelmente) não merece isso.

Por exemplo, há pouco tempo me irritei com um amigo porque ele comeu todo o meu cereal durante uma viagem. Quando eu disse que era absurda a quantidade de cereal que ele comia (olha, não me orgulho desse exemplo) e que aquela caixa *com certeza* deveria ter durado a semana inteira, ele apenas olhou para mim e disse: "Dia difícil? Estou sentindo que isso não tem a ver com o cereal." Ele tinha razão, é claro. Eu estava estressada por causa de um desentendimento com um colega e, sem saber como lidar com a questão, descontei no meu amigo.

Também transferimos nossas emoções de um problema para outro. A maior parte da sua raiva pode não ter nada a ver com o fato de seu namorado não ter dito "por favor" ao lhe pedir o controle remoto, mas com o fato de ele não ter pedido sua opinião antes de aceitar uma oferta de trabalho no outro lado do país. Se você reage à falta do "por favor" em vez de se manifestar sobre a proposta de emprego, ele pode achar que você está mesmo chateada com a falta de boas maneiras. Fazemos isso quando sentimos que não temos o direito de nos sentirmos mal com algo (talvez você não esteja namorando esse cara há tanto tempo assim), então descontamos a frustração em um contexto que pareça mais "adequado".

Um ótimo jeito de aumentar nossa consciência e evitar que as emoções se tornem exageradamente intensas ou nos "consumam" é fazer um balanço de tempos em tempos. Basta, por exemplo, separar alguns instantes todo dia e se perguntar: *O que estou sentindo? Que emoções (no plural!) estão presentes e o que elas estão me comunicando? Há emoções contraditórias? O que meu corpo está dizendo sobre como me sinto?*

Faça essa reflexão antes de ter uma conversa com alta carga emocional. Pergunte-se: *Estou carregando algo comigo que não pertence a essa discussão?* A honestidade e a abertura guiam nossa autoconsciência. Quanto mais cedo reconhecemos uma pequena frustração e lidamos com ela, menor a probabilidade de termos uma reação emocional extrema a algo insignificante. Isso também permite que nosso cérebro participe das decisões. Se sua voz da razão não tiver espaço, você se tornará, de novo, uma versão unidimensional e inautêntica de si mesmo.

VALIDE SUAS EMOÇÕES

Não é possível sentir algo o tempo todo ou guardar os sentimentos para sempre. Só precisamos ter a intenção de tomar consciência deles. Mais uma vez, as emoções não são boas ou ruins; elas apenas *são*. Se nossa narrativa é que certas emoções não devem ser sentidas ou expressadas, podemos não ser honestos o suficiente para observá-las de verdade. Em vez disso, as negamos, ignoramos e suprimimos. Muitos de nós aprenderam a ignorar não só os sentimentos "ruins" – como raiva, tristeza e frustração –, mas também as emoções fortes e "boas", como empolgação, alegria e deslumbramento. Muita gente cresceu sendo repreendida ou castigada por chorar, gritar ou rir demais e sendo recompensada por distanciar o Eu dos próprios sentimentos.

Não vou fingir que não precisamos de validação externa; como já vimos neste livro, precisamos, sim. Mas também é crucial validarmos nossas emoções – uma habilidade que é especialmente necessária em experiências que não dividimos com os outros. Se tivermos uma dor do passado que ninguém testemunhou, não poderemos usar a confirmação externa para validar nossa vivência. É legal saber que as pessoas nos veem, mas às vezes a vida pede que vejamos nosso Eu mesmo quando os outros não o enxergam.

É importante, porém, entender que validar nossas experiências e emoções *não* é igual a validar nossas ações. Validar os sentimentos pode ser assim:

- "Estou muito triste."
- "Estou sobrecarregada."
- "Me sinto rejeitado apesar de não haver motivo aparente."
- "Isso despertou minha ansiedade."

Mas *não* é assim:

- "Não faz mal eu ter feito X, Y, Z."
- "As pessoas precisam superar isso logo."
- "Já vi outras pessoas fazendo coisa pior."

Então o que acontece quando não concordamos com nosso comportamento, mas ainda assim precisamos validar nossas emoções? Você pode acolher o que sente mesmo quando foi *você* a fonte da dor. Pode dizer: "Não concordo com minhas atitudes, mas escolho reconhecer minha dor." A validação não é um selo de aprovação, mas um reconhecimento do que você está vivenciando ou vivenciou. Por exemplo, alguém pode validar o próprio sentimento de solidão e abandono, mas não aprovar o fato de ter traído.

EXPRESSE SUAS EMOÇÕES

Desde pequena, sempre tive uma relação difícil com minhas emoções. Apesar de ser uma pessoa incrivelmente sensível, eu odiava chorar – o que criava mais camadas de emoções, porque eu ficava ainda mais frustrada e aborrecida com meus surtos emotivos (um círculo bem vicioso). Mas, ao segurar as lágrimas, eu estava bloqueando o acesso ao meu Eu. A coisa que sempre me pegava, seja em filmes ou na vida real, eram as despedidas. Isso começou aos 9 anos, quando me despedi do meu pai no dia em que me mudei da Sérvia para o Canadá, após a Guerra do Kosovo. Eu estava fazendo essa grande mudança com minha mãe e meus irmãos (meus pais já eram divorciados). O plano sempre foi meu pai e eu nos reencontrarmos um dia, mas eu não fazia ideia de quando. Ainda me lembro de abraçá-lo no aeroporto e me sentir completamente tomada pelo luto e pela incerteza. Vários amigos da família estavam lá – além de um monte de desconhecidos – e, ainda por cima, me senti humilhada, completamente exposta.

Levei anos para me permitir chorar durante uma despedida de novo. Quando as comportas finalmente se abriram, eu tinha 19 anos e estava dizendo adeus ao meu primeiro amor. Não era um término, mas estávamos prestes a namorar à distância por anos. Fiquei arrasada. Eu me senti tomada pela tristeza e totalmente perdida sobre o que fazer. Eu me lembro de me arrastar para a cama desconfortável do meu alojamento, me cobrir inteira e me perguntar:

Se minhas lágrimas pudessem falar, o que diriam?

Elas disseram que eu tinha medo de ser abandonada; disseram que minha perda era profunda – mais profunda até do que a experiência daquele momento; elas destacavam minha solidão. Com isso em mente, em vez de me aborrecer comigo mesma, eu me compreendi e entendi minha reação. E é muito difícil ser má ou se irritar com alguém que você é capaz de *ver* e entender de verdade.

Existencialmente, as lágrimas nos mostram que a vida está fluindo dentro de nós; que ainda estamos aqui, vivos![68] É um momento que devemos valorizar – uma rara encarnação física e biológica do nosso mundo interior. É por isso que tento ajudar meus pacientes a encontrar suas emoções e, com isso, seu Eu. Há muitos julgamentos e críticas que os impedem de se curar – e esse grau de ódio autodirigido só pode existir quando nos falta empatia ou compreensão.

Tive uma paciente, Jade, que resistia *muito* às emoções. Ela estava ciente disso e dizia que vivia "no piloto automático" – fazia as coisas com pouca intenção ou dedicação genuína. Ela percebia as emoções como uma ameaça, pois – como explicou – elas nunca tinham sido "benéficas". Jade tinha passado por vários relacionamentos abusivos e, ao longo dos anos, as emoções não só a levaram a perpetuar essas situações como também foram catalisadoras da violência que ela sofreu. Ela começou a associar autoexpressão a abuso.

Jade também se recusava a sentir emoções para preservar sua autoimagem. Ela era "forte" e sentia que validar seus sentimentos seria uma espécie de vitimização. E se recusava a ser uma vítima. À medida que fomos destrinchando suas crenças, Jade enfim começou a mudar de postura. Pouco depois, chorou em uma sessão; nós duas ficamos perplexas. Depois que as lágrimas secaram, ela admitiu que era a primeira vez que fazia isso na frente de *qualquer outra pessoa*. Jade tinha 29 anos.

Repetindo: as emoções *nunca* são o problema; elas apenas *são*. No entanto, a forma como *reagimos* a elas pode ser um problema – mas nem sempre é. Chorar ao ter uma conversa difícil *não* é um problema. Quebrar a janela do carro de alguém porque você está com raiva, sim, *é*. Nem toda expressão é problemática ou indesejável. Algumas delas levam a uma compreensão mais profunda, enquanto outras podem ser prejudiciais; essa distinção é importante. Seja lá o que decidimos expressar, devemos ser responsáveis. Nem toda expressão emocional é adequada em qualquer hora. Chorar na frente de um paciente porque acabei de brigar com minha mãe, por exemplo, não seria apropriado. Isso não quer dizer que minha *emoção* não seja adequada, mas o momento, o contexto e o modo de expressá-la.

Às vezes somos preguiçosos; queremos que as pessoas "saibam" como nos sentimos sem precisarmos falar nada. Isso nunca funciona. *Para ser visto, você precisa mostrar seu Eu*; caso contrário, o outro vai ter que interpretar e projetar o mundo interior *dele* em você. Mas nem todo mundo *merece* o acesso às nossas emoções. Pode não parecer seguro ser vulnerável em certas situações, e as demonstrações emocionais forçadas podem ser tão danosas quanto a supressão.

Para resumir tudo: permitir que as emoções sejam a premissa de todas as nossas decisões pode levar a ações inautênticas, mas ignorar os sentimentos *garante* que isso ocorra. Precisamos assumir nossas emoções e decidir *como* expressá-las, não só se devemos senti-las ou não.

Então pergunte a si mesmo: que emoção você sente neste exato momento? O que precisa fazer para sentir e ver de verdade a vida? Como pode expressar seu Eu de forma autêntica e significativa no mundo?

A resposta: *abrindo-se*.

ABRA-SE

Em novembro do ano passado, eu estava em um café em Amsterdã, tomando chá e escrevendo. Em uma mesa afastada, vi uma mulher se aproximar de um homem que estava sentado tomando um café. Quando a viu, ele se levantou e os dois se abraçaram. Naquele momento ambos começaram a chorar. Por instinto, desviei o olhar, para dar privacidade a eles. Uns vinte minutos depois, vi que a mulher estava sentada, ainda chorando, e o homem segurava a mão dela, com os olhos úmidos com o que parecia ser luto. De repente ela olhou para mim e fizemos contato visual. Em vez de se constranger ou enxugar as lágrimas, ela simplesmente assentiu. Reconhecemos ali a dor da vida; foi um momento bonito. Palavras não eram necessárias; as lágrimas dela falavam comigo. Senti que estava *vendo* aquela mulher, que a entendia. E, de algum modo, me senti vista também.

Fiquei muito comovida com o fato de ela se dispor a acolher suas emoções tão publicamente. Eu a achei poderosa, corajosa. E então, de repente, quase sem querer, meu pensamento mudou e comecei a especular: que coisa terrível deve ter acontecido para "justificar" esse choro em público, e por tanto tempo? Sem que ela ao menos sentisse vergonha! E então *eu* fiquei envergonhada. Por que será que eu, uma terapeuta que incentiva as pessoas a aceitar e expressar a verdade de seus sentimentos, estava pensando aquilo? O que começou como admiração e preocupação logo se tornou um julgamento. Mas por quê? Bem, para ser honesta comigo mesma (e com você), encarar a vulnerabilidade daquela mulher, ainda que como espectadora, mexeu profundamente comigo. E, por algum motivo, fiquei abalada. Em vez de honrar meus sentimentos e apreciar aquela conexão humana pura e real, ou de ter curiosidade sobre o que minha tristeza estava tentando me dizer, eu me desconectei, trocando a sintonia e a conexão pelo julgamento. Não queria encarar meu Eu, então parei de olhar a cena.

Por um momento, eu havia *me aberto* para aquela linda mulher no café, mas então, por motivos pessoais, me fechei e me tornei uma estranha tanto para ela quanto para mim.

Abrir-se* significa prestar uma atenção genuína que, por sua vez, favorece a reverberação – uma abertura para se comover de fora para dentro, para sentir. Abrir-se é começar uma relação aproximando-se de um pensamento, uma lembrança, uma pessoa, uma obra de arte, de si mesmo. O que torna essa dinâmica única é que ela exige certo grau de "rendição" – permitir que o

---

* Esse é outro conceito transformador que aprendi ao estudar análise existencial. Sem saber na época, eu morria de medo de me abrir ou entrar em contato com qualquer coisa que me provocasse emoções. Foi só quando estudei esse tema no curso que isso se tornou evidente. Percebi que não estava existindo de verdade no mundo; estava dormente e apática, sempre observando e mantendo uma distância "segura" (da minha própria vida!).

"outro" nos afete, que "faça" algo dentro de nós. O ato de abrir-se torna a vida palpável; permite que prestemos atenção e estejamos presentes, vivenciando conexões profundas e uma sensação de preenchimento. Faz com que nos sintamos vivos e autênticos, vivendo cada momento com plenitude e consciência.

Um jeito simples de abrir-se para a vida é praticando o diálogo interior. Comece fazendo as seguintes perguntas ao seu Eu:

- Como posso contribuir para me sentir mais vivo?
- O que posso fazer para me conectar com a vida?
- O que parece ter valor para mim?
- Tenho me deixado comover pelas coisas ao redor?
- Tenho medo de me render? Por quê?
- Como minhas "interações" me afetam?
- O que sinto em relação à vida quando me permito vivenciar "outra" pessoa, coisa ou situação?

Abrir-se para alguém ou algo requer um *movimento*. Naquele dia de outono em Amsterdã, eu me abri para aquela mulher em prantos para *vê-la* – e me senti profundamente conectada, viva; reconheci que estava em um momento cheio de significado.

E então, de modo bem literal, eu me desviei. Virei o corpo na direção oposta e olhei a tela do computador.

Imagine que você está se abrindo para alguém. O seu corpo deve se mover e se alinhar com o da pessoa. Para se alinhar, é preciso *ver*. É um pouco óbvio, não é? Abrir-se para algo ou alguém quer dizer que estamos nos concentrando naquilo, criando um espaço ou caminho pelo qual possamos canalizar nossa atenção. O espaço entre nós transforma a lacuna em uma ponte, dando acesso um ao outro. Ao mesmo tempo, concentramos nossa atenção na pessoa e procuramos uma brecha para enxergar o que nos é mostrado. Nosso foco está naquele indivíduo, em nós mesmos *e* em compreender nossas emoções enquanto nos conectamos com o "outro". Esse é nosso jeito de estabelecer conexão. Estar presente permite alcançar a profundeza em uma relação; também permite que aqueles que observam enquanto nos abrimos (para algo ou alguém) obtenham um vislumbre do nosso verdadeiro Eu.

Como Längle disse durante meu treinamento:

> Entrar em um relacionamento significa deixar os outros serem quem são. Respeitar a existência de cada um, permitir que a existência deles entre na minha existência. Proporcionar a eles espaço para estar em minha vida.

Abrir-se também é um jeito de oferecer e receber aprovação, porque é uma afirmação positiva por si só. Há uma disposição e uma intenção que estão presentes nesse movimento. É como dizer: "Estou pronto para seguir em sua direção e encontrar você. O que importa para mim é *você*!" É uma espécie de autotranscendência, assim como uma incorporação profunda do Eu. No processo de nos abrirmos para alguém, podemos determinar se o relacionamento é valioso e se queremos investir nosso tempo nele.

Em outras palavras, é uma avaliação dos nossos recursos internos – da nossa capacidade de dedicar tempo, proximidade e atenção. Quando nos abrimos a algo doloroso, como o luto, avaliamos se somos capazes de lidar com perdas dentro ou fora de nós.

Por muito tempo, eu não me abria porque tinha medo de encarar minha própria escuridão (o vazio que percebia em mim). Queria viver sem mergulhar na existência. Queria nadar sem me molhar. Queria autoconsciência sem o esforço da autor-reflexão. Queria que os outros me *vissem* de forma autêntica, apesar de eu ainda não conseguir – nem querer – *ver* a mim mesma. Abrir-se é um tipo de conexão emocional que exige vulnerabilidade e disposição de mostrar nossas emoções, mas também requer que o "outro" se disponha a receber e encarar o que está sendo mostrado.

E então há o **desviar-se**. Aposto que você sabe do que estou falando. O desvio acontece quando fazemos coisas que não têm valor para nós, de que não gostamos ou que não reverberam quem somos (sejam ações grandes ou pequenas). **Ações que não refletem quem somos são ações que nos ignoram.** Desviar-se é o ato de passar por cima do nosso Eu e dar mais valor a pessoas e coisas que *não são* quem somos.

É um ato de abandono próprio, e eu diria até que é uma forma de autoflagelo. O que machuca mais é o fato de que somos nós que *causamos* nosso sofrimento. Quando nos desviamos, deixamos de sentir nosso Eu e, então, nos tornamos completos desconhecidos para ele. Não é doloroso quando os outros nos abandonam, ignoram, enganam e traem? Essa dor é dez vezes pior quando fazemos tudo isso a nós mesmos.

Quando tomamos atitudes que não têm valor ou reverberação interna, acabamos nos sentindo esgotados (porque usamos mais energia e não recebemos nada em troca), com o coração pesado; nos sentimos pequenos, insignificantes, aflitos, restritos, vazios e até sem vida. Você já compareceu a um evento ao qual não queria ir, esteve em relacionamentos dos quais queria escapar, teve conversas que não tinha intenção de ter ou trabalhou em lugares que faziam você se sentir completamente morto por dentro às cinco da tarde de uma sexta-feira? Você não sente raiva, tristeza ou alegria – apenas o vazio e a apatia.

Já passei por isso. Eu me sentia *morta* em meio à perda de mim mesma. Havia muitas coisas que me desagradavam no meu relacionamento e na minha vida na época, mas eu não podia admitir nada disso para mim mesma. Estava ciente da minha insatisfação e da minha raiva para com meu Eu e me desviei dessas emoções com tanta força que parei de *sentir* o desgosto; eu apenas "sabia" dele. É quase como ver um vídeo engraçado e rir por dentro porque você "sabe" que é engraçado, mas não consegue rir de verdade.

Minha capacidade de intelectualizar meu estado emocional ("Certo, eu *sei* que estou infeliz...") e não *sentir* ("... mas tenho muita coisa para fazer e não posso 'desperdiçar' meu tempo com isso") tornou difícil e longo o caminho para a mudança. Isso ocorre porque os pensamentos que não são acompanhados por emoções são mais facilmente esquecidos, ignorados ou descartados. Quando nos permitimos vivenciar nossos sentimentos, porém, é mais provável que levemos em conta e abordemos nossos pensamentos. É por isso que, às vezes, precisamos "chegar ao fundo do poço" (seja lá o que isso signifique para você) para conseguirmos implementar mudanças reais. Chegamos ao ponto em que a experiência se torna visceral e existencialmente ameaçadora, não podendo mais ser suprimida ou ignorada, diferentemente da razão pura. No meu caso, foi só depois que comecei a ter crises de pânico agudas e debilitantes que me transformei.

E, apesar de ser doloroso (meu Deus, *como* foi doloroso), sentir meus sentimentos foi significativo e, no fim das contas, teve um valor incalculável. Permitiu que eu entrasse em contato com meu Eu de um jeito inédito. É por isso que as emoções são indispensáveis e, na realidade, o único caminho para sermos quem somos.

Então pare de combater ou tentar controlar suas emoções! Acredite em mim: quanto mais tentamos, mais elas se vingam. E acho que todos sabemos que a verdade tende a vir à tona uma hora ou outra. Nossas emoções não estão nos chamando como sereias seduzindo os marinheiros para a morte. Elas não têm más intenções; são o único jeito de realmente *sermos*. As emoções são como uma maré que sobe e desce independentemente da nossa permissão. Mas, em vez de resistir a ela, nadar contra a corrente e ser carregado pelas ondas, permita que o poder e o movimento o levem e façam com que você *se abra* para o seu Eu.

A DURA VERDADE

Quanto mais resistimos às nossas emoções, mais elas nos controlam.

LEMBRETE AMIGÁVEL

Se quiser saber quem você é, abra-se para o seu Eu.

PARTE IV

O Eu que você é

Aceito a grande aventura de ser eu.
– SIMONE DE BEAUVOIR[69]

CAPÍTULO 10

A arte de ser você

Estou no meu consultório, me preparando para atender minha próxima paciente, quando uma leve batida na porta me alerta para o fato de que já são três da tarde.

– Pode entrar – digo.

Ouço a voz abafada de Claire antes mesmo de ela entrar na sala. Ela está falando ao telefone. Abre a porta com o cotovelo, equilibrando o celular entre a orelha e o ombro, carregando várias sacolas. Ela dá um sorriso rápido e distraído e vai até seu lugar favorito. Quando se senta na poltrona, diz:

– Ok, está bem, ahã. Eu te ligo quando terminar.

E desliga.

Sem parar para respirar, ela começa a me contar sobre sua semana repleta de desavenças, tarefas e irritações. Um fluxo de palavras preenche o espaço entre nós conforme ela vai contando todos (*todos*) os detalhes e nuances dos dias desde a última vez que nos vimos – do momento em que ela encontrou uma velha foto do ex que desencadeou uma espiral emocional até quando a tela do iPhone quebrou enquanto ela estava no supermercado comprando ovos.

Normalmente adoro ouvir detalhes – eles me ajudam a obter uma imagem abrangente da vida de alguém –, mas, naquela tarde específica, senti meu Eu se distraindo (terapeutas também são gente!).

No passado eu me sentia culpada nesses momentos, até que um mentor me disse: se você está se desconectando durante a sessão, isso quer dizer que não está *vendo* o paciente de verdade – talvez não esteja olhando para o que está sendo apresentado, ou talvez o paciente esteja se escondendo, muitas vezes por meio da narrativa. Então, como tenho ciência de que minha desconexão é um sintoma de algo, é meu dever resolver isso.

Volto a prestar atenção e me abrir.

– ... meu Deus, foi tão *irritante* ele não responder à minha mensagem... Aff! E você não vai acreditar no que meu chefe disse outro dia... E, além do mais, minha amiga me dispensou esse fim de semana! Foi horrível...

Enquanto tento me concentrar, me perco de novo no fluxo de especificidades. Claire pula de reclamação em reclamação, sem dar tempo nem de as palavras se assentarem. Ela está falando muito, mas parece estar vivenciando bem pouco. Não consigo detectar qualquer emoção, consciência ou significado na narrativa dela.

Será que ela está se envolvendo genuinamente com a própria vida?

Tento ao máximo acompanhar o discurso. Então ela diz algo inesperado e encontro minha deixa:

– ... não sei o que quero e nem quem sou.

Endireito a coluna, alerta.

– Vamos começar por aí – digo, talvez um pouco ávida demais.

Apesar de Claire e eu já termos conversado sobre seu desejo de se conectar consigo mesma (sobre como ela sempre manteve a agenda cheia para tentar *nunca* estar sozinha, porque ficar só a forçava a olhar de verdade para sua realidade, que a desagradava), ela ainda se sentia oprimida pela ideia de encarar quem era. *Quem ela veria? E se ela não gostasse dessa pessoa ou não a respeitasse?*

Em uma ocasião anterior, eu havia sugerido que ela tentasse passar mais tempo sozinha e em silêncio. Sempre que eu falava sobre isso, o rosto dela desmoronava em uma expressão de dor genuína. A ideia de apenas encarar o que estava acontecendo era, para ela, agonizante. Então resolvi mostrar como isso poderia ser simples; que, com um pouco de esforço e quietude, ela poderia aprender muita coisa sobre o seu Eu. Ao se envolver com a vida, como se fosse algo tão simples quanto um objeto, Claire poderia desbloquear uma nova consciência e estabelecer uma proximidade consigo mesma. Com a permissão dela, decidimos dar uma pausa nos detalhes de como foi limpar o fogão dois dias antes e fazer um exercício guiado.

Pedi que ela ficasse confortável na poltrona. Ela se ajeitou, colocando os pés próximos um ao outro no chão e afundando um pouco mais no assento. Começamos expirando fundo juntas e, então, pedi que ela fechasse os olhos. Repeti afirmações relaxantes, como "Estou calma", "Minha mente está se aquietando", "Estou confortável e em paz onde estou neste momento". Observei os músculos dela relaxarem e os olhos tremularem, quase como se ela estivesse em um estado de sono leve e tranquilo.

– Você sente a superfície em que está sentada? – indaguei.

Ela não precisava responder em voz alta, mas eu queria que pensasse a respeito. Segui em frente:

– Qual é a sensação?

Após alguns segundos fiz outra pergunta que fez seus olhos se abrirem.

– O que a poltrona está tentando lhe dizer?

Claire olhou para mim, tentando entender se eu estava brincando ou não. Assenti, e ela fechou os olhos, ajeitando-se.

– O que a poltrona significa para você?

Vi seu rosto assumir uma expressão de dúvida e, então, ficar sério.

– O que significa o fato de a poltrona estar aqui e de você estar sentada nela? O que ela está fazendo *com* você? O que está fazendo *por* você?

Reparei que a respiração de Claire estava ficando acelerada. Ela estava refletindo sobre as perguntas.

– Tente ouvir o que a poltrona está dizendo... Você está gostando do que ela diz? Está indiferente?

De repente vi uma única lágrima rolar pelo rosto de Claire. Com cuidado, continuei:

– Que resposta você quer dar à poltrona? O que você quer dizer?

As comportas se abriram. Ela começou a chorar, de olhos ainda fechados. Um minuto depois, tirei a atenção de Claire de seu mundo interior:

– Você ainda está sentindo a poltrona?

Ela assentiu. Calmamente, prossegui:

– Como a poltrona está reagindo ao que você tem a dizer?

Deixei que Claire refletisse sobre a pergunta.

– O que vocês estão dizendo uma à outra?

Ela enxugou o queixo.

– Você consegue se render à poltrona? Com satisfação? Por livre e espontânea vontade?... Você se sente segura?

Claire começou a chorar de novo. Colocou os joelhos no peito e descansou os calcanhares sobre o assento.

Esperei alguns instantes e, então, fiz as perguntas finais:

– Você quer confiar na poltrona? Quer se render a ela com todo o seu peso?

Eu a incentivei a se manter conectada ao assento até se sentir bem. Então não falei mais nada. Ficamos em silêncio.

Claire continuou chorando até que, devagar, recolocou os pés no chão. Sua respiração ficou mais profunda. As lágrimas cessaram.

Falei que, quando quisesse, ela podia abrir os olhos e se esticar. Ao fazer isso, Claire pareceu cansada, mas acima de tudo surpresa.

– O que veio à tona?

– Muita coisa – respondeu ela. E começou a me contar.

As palavras que disse eram calmas, ponderadas e cadenciadas. Claire admitiu que aquela foi a primeira vez que se permitiu pensar sobre o próprio corpo e prestar atenção de verdade nele. Que, para ser sincera consigo mesma, ela sentia que nunca podia apoiar todo o seu peso em poltrona *alguma*, porque não acreditava que elas conseguissem aguentar sua "estrutura". Então fez uma conexão: também não acreditava que *qualquer pessoa* no seu entorno fosse capaz de aguentá-la. Claire imaginava que teria que carregar o fardo da vida sozinha. Ficou "chocada" quando pedi que escutasse o que a poltrona tinha a dizer – confessou que não estava acostumada a ouvir os outros. Em vez disso, fazia pressuposições rápidas e projeções, preenchendo as lacunas com seus pensamentos. E, por fim, falou que ter a oportunidade de responder à poltrona – à fundação de sua vida, na qual ela não confiava – foi assustador, mas transformador. Até aquele momento, ela nunca sentira que podia "responder à vida".

– Estou impressionada – admitiu. – O fato de poder aprender tanto sobre meu Eu tão rápido e aprender mais sobre o mundo de verdade (ou, neste caso, sobre a poltrona em que estou sentada)... é tão simples e ao mesmo tempo tão transformador! Nunca me senti tão conectada a mim mesma. Tudo por causa de uma *poltrona*.

Naquele momento eu já não me sentia mais dispersa.

....

A sessão não se desenrolou desse jeito apenas por causa da poltrona.* O exercício ajudou Claire a desenvolver uma *atitude fenomenológica*, levando-a de uma percepção externa a uma percepção internalizada. Uma habilidade fundamental, na minha opinião, para *sermos* nosso Eu.

Sei que é meio intenso apresentar um novo conceito no final do livro, mas você me acompanhou até aqui (obrigada!) e juro que é muito importante; é basicamente a isso que tudo se resume. A fenomenologia vem da palavra grega *phaínomai*, que quer dizer "aparecer". A tarefa da fenomenologia é adquirir conhecimento simplesmente *olhando* para o que aparece e se relacionando com o que é percebido.** É a postura de compreender melhor uma essência *com base no que vemos, não no que sabemos* (isto é, sem usar nossas ideias preconcebidas). É um estado de *abertura* que leva *cada pequeno detalhe a sério*. **É nossa *devoção* a genuinamente ser-no-mundo.** Merleau-Ponty, em seu livro *Fenomenologia da percepção*, diz algo parecido:

> Nada me determina de fora, não porque nada aja sobre mim, mas, pelo contrário, porque eu também me inicio fora de mim mesmo e aberto ao mundo.[70]

---

* Eu me lembro de fazer uma versão desse exercício, pela primeira vez, em uma cadeira de plástico desconfortável, no porão escuro de uma igreja, durante uma de minhas sessões de treinamento na análise existencial (era o único espaço que eles conseguiram achar para alugar de última hora, e era mais que deprimente). As palavras do professor Längle fluíam sem esforço e, a princípio, não consegui parar de pensar em como era absurdo tentar me comunicar com uma cadeira. Eu me lembro de zombar internamente daquela bobagem riponga, mas, como estava pagando, achei melhor pelo menos tentar. Minutos depois de deixar meu julgamento de lado e me sintonizar de verdade, eu estava, é claro, em lágrimas.

** Uma forma de praticar a fenomenologia é abrindo-se.

Essa postura – essa forma de existir – é baseada em capturar todos os momentos fugazes que a vida comporta, momentos que nunca serão repetidos. É aprofundar nossa compreensão e sempre *sermos* nosso Eu.

Porque, em última análise, *ser* (alguém) é um verbo.

Längle fala da fenomenologia como algo que nos ajuda a obter um entendimento mais profundo do mundo ao permitirmos que ele entre e que nosso Eu seja tocado; ao nos abrirmos a *tudo* que o mundo nos mostra (uma espécie de abertura meditativa). Só podemos fazer isso quando observamos com olhos "desarmados", sem qualquer defesa ou intenção de usar algo ou alguém. Para o entendimento se aprofundar, precisamos olhar "para dentro", tomar consciência do impacto que aquilo está tendo em nós e, então, voltar para "fora" para observar mais. Temos que simultaneamente entender a impressão que o "outro" tem de nós *e* a maneira como ele aparece para nós. Na nossa impressão, capturamos a essência dele. Nunca devemos fazer uma afirmação categórica do tipo "É assim que você *é*!". Em vez disso, temos que nos aproximar do outro com a mesma sabedoria com que abordaríamos nossa compreensão do nosso Eu: "É assim que vejo você agora. É assim que você está se apresentando para mim enquanto estou aqui com você. É isso que este encontro significa para mim."

O observador é *parte* do observado. Ter isso em mente pode nos ajudar a distinguir onde nós terminamos e onde os outros começam. E, acima de tudo, pode nos ajudar a entender como o Eu e o outro estão absolutamente conectados.

Tudo com que você depara – uma cadeira, uma pintura, um copo d'água, um pôr do sol, uma conversa, um estranho no metrô, a si mesmo no espelho após uma noite de insônia – é um portal para a compreensão não só do seu mundo como do seu Eu. Nosso trabalho é manter a disposição de sermos comovidos, tocados, por esses encontros (seja com pessoas, coisas ou ideias) e tentar entender o que cada situação quer nos dizer.

Essa é a chave. Se você ainda está confuso ou sufocado pela ideia de se tornar ou ser quem você é, não faz mal. Respire fundo e lembre-se:

Seu Eu está na ponta dos seus dedos.
Olhe ao redor – isso *é* quem você *é*.

Naquele dia com Claire, enquanto ela se conectava com a poltrona, eu me conectei com ela. E, à medida que nós duas nos aprofundamos em nossa compreensão sobre a "outra", aprofundamos também nosso senso de identidade (ela enfrentou seus medos e eu assumi a responsabilidade de me concentrar nela). É preciso coragem para *estar* no mundo – para se envolver ativamente com ele a cada momento. É necessário ter muita coragem para ser quem somos.

Eu tento imaginar como seria se todos nós, enquanto sociedade, decidíssemos *aparecer* em vez de nos escondermos ou recuarmos. Como seria deixar os outros nos verem e sermos convidados a vê-los? Como seria se todos nos importássemos o bastante para olhar de verdade uns para os outros? Se todos reconhecêssemos que *todas* as coisas podem nos dizer algo tanto sobre *si* mesmas quanto sobre nós?

....

Quando você se recupera da perda de si mesmo e passa a ser seu Eu autêntico, sente como se estivesse se ancorando, se enraizando em uma profunda e infinita bolha de deliciosa reverberação e alinhamento. É um sentimento de certeza, de estar em *casa*. É a sensação de se sentar em frente a uma lareira em um dia frio ou de pular em uma piscina refrescante em pleno verão.

Está lembrado de Alex, do começo do livro? A garota que levava uma vida que não lhe pertencia? Agora que o Eu dela não está mais perdido, todos os seus dias são cheios de intenção. Ela acorda e passa alguns minutos se examinando – mente, corpo e alma. Agora a manhã é seu momento favorito do dia, quando ela ouve um podcast que combina com seu humor, liga a cafeteira e se arruma. Ela escolhe a roupa que vai vestir – seu guarda-roupa, aliás, anda mais ousado ultimamente – e prepara o café da manhã que parece mais adequado ao seu corpo naquele momento. Tem um novo emprego e, agora, chega ao trabalho com um propósito, ou pelo menos com respeito pelo próprio esforço. Concentra-se nos e-mails e nas reuniões (percebendo, com isso, que o trabalho é muito mais prazeroso quando nos envolvemos de verdade com ele). Apesar de ainda ter desentendimentos, decepções e dúvidas durante o dia, ela agora nota, valida e lida com essas coisas quando aparecem. Depois do trabalho, vai para casa e lê a obra da vez no seu clube de leitura: este mês é *Pessoas normais* – um livro que ela queria ler, mas para o qual parecia nunca ter tempo. Às terças-feiras, faz aula de crochê – algo que sempre quis fazer. Começou a namorar recentemente, mas faz alguns dias que o rapaz não entra em contato. Em vez de ficar esperando uma mensagem, ela decidiu telefonar para ele. Ao se deitar, ela saboreia a sensação de apertar o travesseiro contra o rosto. Apaga uma vela e cai no sono com a satisfação de saber que viveu aquele dia para (e como) si mesma.

Caro leitor, ser o seu Eu é saber que você está vivendo o hoje – e todos os dias – com propósito. Então observe, sinta e *experimente* a vida. Deguste-a! Tudo ao seu redor pode fornecer informações, se você assim permitir. Seja atento, presente, tenha uma paixão implacável por vivenciar o mundo. Não deixe o medo limitar suas decisões. Permita que a vida seja pontuada por lições e triunfos – momentos de intensidade e sofrimento, mas também de doçura. Sempre se pergunte: *O que aprendi sobre mim hoje?*

Ao acordar de manhã, em vez de virar para o lado e checar as mensagens, redes sociais ou e-mails, volte seu rosto para o sol e sinta como o lençol cobre sua pele. Veja a luz entrando pela janela. Está chovendo? Observe como as gotas escorrem pela vidraça. Saia da cama! Mesmo se estiver cansado, *sinta* sua exaustão. Tenha uma conversa profunda, seja com outra pessoa ou consigo mesmo, ao se preparar para encarar o dia. Perceba suas emoções. Do que você está com medo hoje? O que o chateia? O que pode acalmá-lo? O que traz vitalidade e paixão para sua vida?

Tudo vai lhe dizer algo, se você conseguir deixar as distrações de lado por tempo o bastante para escutar. Você tem medo de encarar sua vida? De permitir que ela o impacte? Está aberto a ser tocado por suas emoções e seus pensamentos, pelas coisas e pessoas ao seu redor?

Exponha-se à vida! Veja bem, eu sei como isso pode nos deixar vulneráveis e assustados. Mas confie no seu Eu o suficiente para sentir sua reverberação, para saber por quais experiências você quer passar e – não menos importante – quais vivências *não* quer ter. Confie em si mesmo para tomar decisões que lhe sejam benéficas. Ninguém mais pode entender o que é ser você ou viver a *sua* vida. É um saber íntimo que só você tem o privilégio de conhecer.

Então, se quiser saber quem você é, se estiver cansado de se perder, abra os olhos. Exerça sua liberdade e faça escolhas. O desconforto e o esforço valem a pena. Nada é mais valioso que o seu Eu. Nada é mais precioso, mais proveitoso, mais *inimitável*.

....

Que tal fazer uma última visualização comigo?

Imagine que você está sozinho, usando seu suéter mais confortável, sentado em uma poltrona de couro surrada no meio de uma sala. Seu corpo se encaixa perfeitamente no assento e, respirando fundo, você se aninha. Ao seu lado está uma mesinha de canto, limpa e polida, e sobre ela há vários livros com lombadas amassadas e páginas dobradas marcando seus trechos favoritos. Você segura sua xícara de café (ou chá, mate, o que preferir) e toma um gole, sentindo o sabor dançar em sua língua. Ao seu lado um abajur verde antigo emana uma luz suave, iluminando o entorno, auxiliada pelos estalos aconchegantes das chamas na lareira. Uma brisa fresca que vem da janela entreaberta acaricia o seu rosto. Você se sente relaxado, porém desperto; calmo, porém energizado.

De repente percebe uma pequena brasa saltar de um pedaço de lenha e pousar no tapete. Você entende de imediato que, se não se levantar para apagar a faísca, toda a sua existência estará em perigo. A casa e a vida que você construiu serão reduzidas a cinzas.

Nada é mais importante que isso.

Você se levanta e apaga o fogo.

Quando passa pelo mesmo lugar no dia seguinte, percebe que há uma leve marca no tapete, uma lembrança da vez em que quase perdeu tudo... quase. Porque teve consciência e iniciativa.

Permita que seu Eu exista – aqui e agora.

Torne-se.

Seja.

Agradecimentos

É difícil agradecer quando ficamos sem palavras. Escrever este livro foi um sonho realizado, a forma mais honesta de me apresentar ao mundo e uma jornada ao lado de pessoas maravilhosas.

Ezra, você me conheceu quando eu estava mergulhada na perda de mim mesma e me amou mesmo assim. Esteve comigo até quando eu mesma não me conhecia. Foi meu porto seguro e o apoio de que eu precisava para criar o Eu que hoje tenho e amo. Sem você, não sei se a pessoa que escreveu este livro existiria.

Dea, você sempre viu em mim tanto potencial e tanta grandeza que, por fim, não tive escolha a não ser ver também. Ser eu mesma é muito fácil ao seu lado. Obrigada.

Lauren Hall! Ah, Lauren! Este livro com certeza não existiria sem você. Você logo entendeu minha proposta e lutou incansavelmente para defendê-la. Obrigada por amar este livro tanto quanto eu.

Steve Troha e Jan Baumer (e toda a equipe da Folio), não faço ideia do que fiz para merecer uma equipe tão incrível! Só cheguei até aqui graças à generosidade e ao instinto aguçado de cada um de vocês. Mal posso esperar para continuarmos nossa parceria!

Annie Chagnot! Annie! Annie! Nós conseguimos! Este livro foi *denso* e você se dedicou inteiramente a ele – obrigada. Você garantiu, acima de tudo, que minha voz permanecesse verdadeira e clara. Sou grata demais por ter você como minha editora. Obrigada por embarcar nesta aventura selvagem comigo!

Whitney Frick, Debbie Aroff, Corina Diez, Michelle Jasmine, Maria Braeckel e Avideh Bashirrad – e toda a equipe da The Dial Press. Estou mais que honrada por ser uma de suas autoras agora! Obrigada por acreditarem em mim e por trabalharem com tanto afinco para levar este livro ao mundo.

Professor Längle, o senhor me inspirou, me ensinou e acreditou em mim. Conhecê-lo foi um privilégio.

Para minha família e amigos: estou aqui por causa de vocês. Sem seu apoio eu não teria tido a audácia de falar em alto e bom som sobre o que mais importa para mim.

Para meus leitores: este livro é para vocês e só existe por sua causa. Obrigada por transformarem meu sonho de ser escritora em realidade.

Referências

PARTE I: O Eu

1 Fonte desconhecida. Citação muitas vezes atribuída a Søren Kierke-gaard.

2 KIERKEGAARD, Søren. *The Sickness unto Death*. Londres: Penguin Books, 2004. [*A doença para a morte*. Petrópolis: Vozes, 2022.]

CAPÍTULO 1: O que é a perda de si mesmo?

3 LÄNGLE, Alfried. *Existential Fundamental Motivation*. Trabalho apre-sentado no 18º Congresso Mundial de Psicoterapia. Trondheim, No-ruega, 2002.

4 LÄNGLE, Alfried. The Art of Involving the Person – Fundamental Mo-tivations as the Structure of the Motivational Process. *European Psycho-therapy*, v. 4, n. 1, p. 47-58, 2003.

5 LÄNGLE, Alfried. The Search for Meaning in Life and the Funda-mental Existential Motivations. *Psychotherapy in Australia*, v. 10, n. 1, p. 22-27, 2003.

CAPÍTULO 2: O que é o Eu?

6 KIERKEGAARD, Søren. *The Sickness unto Death*. Londres: Penguin Books, 2004. [*A doença para a morte*. Petrópolis: Vozes, 2022.]

7 VARGA, Somogy; GUIGNON, Charles. Authenticity. *In*: ZALTA, Edward N. (org.). *The Stanford Encyclopedia of Philosophy*. Edição de primavera, 2020. Disponível em: https://plato.stanford.edu/archives/spr2020/entries/authenticity.

8   *Noiva em fuga*. Direção: Garry Marshall. Paramount Pictures; Touchstone Pictures; Interscope Communications; Lakeshore Entertainment, 1999.

9   SARTRE, Jean-Paul. *Being and Nothingness: An Essay on Phenomenological Ontology*. Londres; Nova York: Routledge Classics, 2003, p. 503. [*O ser e o nada: ensaio de ontologia fenomenológica*. Petrópolis: Vozes, 2015.]

10 Ibid., p. 152.

11 Ibid., p. 68ff.

12 Ibid., p. 82-83.

13 KIERKEGAARD, 2004.

14 GUPTA, Anoop. *Kierkegaard's Romantic Legacy: Two Theories of the Self*. Ottawa: University of Ottawa Press, 2005. Disponível em: www.jstor.org/stable/j.ctt1ckpgbc.5.

15 Ibid.

16 FRANKL, Viktor E. *Man's Search for Meaning*. Boston: Beacon Press, 2006, p. 66. [*Em busca de sentido*. Petrópolis: Vozes, 1991.]

17 SARTRE, Jean-Paul. *L'Être et le Néant: Essai d'Ontologie Phénoménologique*. Paris: Gallimard, 1943, p. 528. [*O ser e o nada: ensaio de ontologia fenomenológica*. Petrópolis: Vozes, 2015.]

18 FRANKL, 2006, p. 130.

19 POLT, Richard (org.). *Heidegger's Being and Time: Critical Essays*. Lanham: Rowman & Littlefield, 2005.

20 Ibid.

21 KIERKEGAARD, 2004.

22 SARTRE, Jean-Paul. *Existentialism Is a Humanism*. New Haven; Londres: Yale University Press, 2007, p. 30-31. [*O existencialismo é um humanismo*. Petrópolis: Vozes, 2014.]

23 VARGA; GUIGNON, 2020.

24 SARTRE, 2003, p. 476.

CAPÍTULO 3: O que a vida está pedindo de mim?

25 NIETZSCHE, Friedrich. *Twilight of the Idols*. Indianapolis; Cambridge: Hackett, 1997, p. 6. [*Crepúsculo dos ídolos*. São Paulo: Companhia das Letras, 2017.]

26 FRANKL, Viktor E. *Man's Search for Meaning*. Boston: Beacon Press, 2006, p. 99. [*Em busca de sentido*. Petrópolis: Vozes, 1991.]

27 LÄNGLE, Alfried. The existential fundamental motivations structuring the motivational process. *In*: LEONTIEV, D. (org.). *Motivation, Consciousness and Self-Regulation*. Nova York: Nova Science Publishers, 2012, p. 27-38.

28 FRANKL, 2006, p. 108.

29 Ibid., p. 108.

30 Ibid., p. 111.

31 Ibid., p. 112.

32 Ibid., p. 112-113.

33 DOSTOIÉVSKI, Fiódor. *The Brothers Karamazov*. Encyclopedia Britannica, 1984, p. 131. [*Os irmãos Karamázov*. São Paulo: Editora 34, 2012.]

34 FRANKL, 2006, p. 98-99.

35 Ibid., p. 98.

36 Ibid., p. 105.

PARTE II: O Eu que você perdeu

37 JUNG, Carl G. Introduction: Our Schizoid World. *In*: *Love and Will*. Nova York; Londres: Norton, 1969, p. 15.

CAPÍTULO 4: O que causa a perda de si mesmo?

38 MAY, Rollo. *The Courage to Create*. Nova York; Londres: Norton, 1994, p. 15. [*A coragem de criar*. Rio de Janeiro: Nova Fronteira, 1982.]

39 GIDE, André. *The Immoralist*. Nova York: Vintage Books, 1930, p. 89. [*O imoralista*. Rio de Janeiro: Nova Fronteira, 2018.]

40 YALOM, Irvin D. *When Nietzsche Wept*. Nova York: Harper Perennial, 2010, cap. 12. [*Quando Nietzsche chorou*. Rio de Janeiro: HarperCollins, 2019.]

41 Ibid., cap. 8.

42 *O amor não tira férias*. Direção: Nancy Meyers. Columbia Pictures; Universal Pictures; Relativity Media, 2006.

CAPÍTULO 5: Como a sociedade perpetua a perda de si mesmo?

43 HEIDEGGER, Martin. *Being and Time*. Albany: State University of New York Press, 2010. [*Ser e tempo*. Petrópolis: Vozes, 2015.]

44 Ibid.

45 MAY, Rollo. *In*: ROBERTSON, Connie. *Wordsworth Dictionary of Quotations*, 1998, p. 270. (A citação parece vir de uma entrevista de 1967 para a *Psychology Today*, conduzida por Mary Harrington Hall.)

46 HEIDEGGER, Martin. *The Basic Problems of Phenomenology*. Bloomington; Indianapolis: Indiana University Press, 1988, p. 322. [*Os problemas fundamentais da fenomenologia*. Petrópolis: Vozes, 2012.]

47 LÄNGLE, Alfried. *In*: BARNETT, L.; MADISON, G. (org.). *Existential Therapy: Legacy, Vibrancy, and Dialogue*. Nova York: Routledge, 2012, p. 159-170.

48 ROGERS, Carl R. *On Becoming a Person*. Boston: Houghton Mifflin Company, 1961, p. 18. [*Tornar-se pessoa*. São Paulo: WMF Martins Fontes, 2009.]

49 HESSE, Hermann. *Reflections*. Londres: Triad/Panther Books, 1979, p. 57.

50 POPE, Alexander. *An Essay on Criticism*. Publicado originalmente em 1711. [*Ensaio sobre a crítica*. São Paulo: Lafonte, 2022.]

CAPÍTULO 6: Onde eu termino e os outros começam?

51 LÄNGLE, Alfried. The Search for Meaning in Life and the Existential Fundamental Motivations. *International Journal of Existential Psychology & Psychotherapy*, v. 1, n. 1, p. 28, 2004.

52 LÄNGLE, Alfried. The Art of Involving the Person – Fundamental Motivations as the Structure of the Motivational Process. *European Psychotherapy*, v. 4, n. 1, p. 47-58, 2003.

PARTE III: O Eu que você vive

53 HESSE, Hermann. *Demian*. Londres: Peter Owen Vision Press, 1958, p. 6. [*Demian*. Rio de Janeiro: Record, 2012.]

CAPÍTULO 7: Limpeza mental

54 OATEN, Megan; STEVENSON, Richard J.; WILLIAMS, Mark A.; RICH, Anina N.; BUTKO, Marino; CASE, Trevor I. Moral Violations and the Experience of Disgust and Anger. *Behavioral Neuroscience*, v. 12, 2018. Disponível em: https://doi.org/10.3389/fnbeh.2018.00179.

55 HAIDT, J. The Moral Emotions. *In*: DAVIDSON, R. J.; SCHERER, K. R.; GOLDSMITH, H. H. (org.). *Handbook of Affective Sciences*. Oxford: Oxford University Press, 2003, p. 852-870.

56 HEIDEGGER, Martin. *Ponderings VII-XI: Black Notebooks 1938-1939*. Bloomington; Indianapolis: Indiana University Press, 2017, p. 49.

57 HEIDEGGER, Martin. *The Basic Problems of Phenomenology*. Bloomington; Indianapolis: Indiana University Press, 1988, p. 322. [*Os problemas fundamentais da fenomenologia*. Petrópolis: Vozes, 2012.]

CAPÍTULO 8: O corpo elétrico

58 MERLEAU-PONTY, Maurice. *Phenomenology of Perception*. Londres; Nova York: Routledge Classics, 2002, p. 169. [*Fenomenologia da percepção*. São Paulo: WMF Martins Fontes, 2018.]

59 Ibid., p. 474.

60 Ibid., p. 167.

61 SARTRE, Jean-Paul. *Being and Nothingness: An Essay on Phenomenological Ontology*. Londres; Nova York: Routledge Classics, 2003. [*O ser e o nada: ensaio de ontologia fenomenológica*. Petrópolis: Vozes, 2015.]

62 Ibid., p. 650.

63 *Meninas malvadas*. Direção: Mark Waters. Paramount Pictures; M.G. Films; Broadway Video, 2004.

CAPÍTULO 9: Sinta tudo

64 TAYLOR, Jill Bolte. *My Stroke of Insight: A Brain Scientist's Personal Journey*. Nova York: Viking, 2006, p. 146. [*A cientista que curou seu próprio cérebro*. Rio de Janeiro: HarperCollins, 2008.]

65 Ibid., p. 155.

66 LÄNGLE, Alfried. *Emotionality: An Existential-Analytical Understanding and Practice*, p. 52. Disponível em: https://laengle.info/userfile/doc/Emotionality-incompl.pdf.

67 Ibid., p. 44.

68 Ibid., p. 59.

PARTE IV: O Eu que você é

69 BEAUVOIR, Simone de. *Cahiers de Jeunesse*. Paris: Gallimard, 2008.

CAPÍTULO 10: A arte de ser você

70 MERLEAU-PONTY, Maurice. *Phenomenology of Perception*. Londres; Nova York: Routledge Classics, 2002, p. 530. [*Fenomenologia da percepção*. São Paulo: WMF Martins Fontes, 2018.]

Leituras sugeridas

BEAUVOIR, Simone de. *Memórias de uma moça bem-comportada.*

CAMUS, Albert. *O estrangeiro.*

_____. *O mito de Sísifo.*

DIDION, Joan. *O ano do pensamento mágico.*

DOSTOIÉVSKI, Fiódor. *Memórias do subsolo.*

ELLISON, Ralph. *Homem invisível.*

FRANKL, Viktor E. *Em busca de sentido.*

HEIDEGGER, Martin. *Ser e tempo.*

HESSE, Hermann. *Demian.*

_____. *Sidarta.*

KAFKA, Franz. *A metamorfose.*

KIERKEGAARD, Søren. *A doença para a morte.*

_____. *Ou-Ou.*

LÄNGLE, Alfried. *Existenzanalyse.*

_____. *Existenzanalyse und Logotherapie.*

_____. *Living Your Own Life: Existential Analysis in Action.*

MERLEAU-PONTY, Maurice. *Fenomenologia da percepção.*

NIETZSCHE, Friedrich. *A vontade de poder.*

SARTRE, Jean-Paul. *A náusea.*

_____. *Entre quatro paredes.*

_____. *O ser e o nada: ensaio de ontologia fenomenológica.*

WHITMAN, Walt. "Eu canto o corpo elétrico", em *Folhas de relva.*

CONHEÇA ALGUNS DESTAQUES DE NOSSO CATÁLOGO

- Augusto Cury: Você é insubstituível (2,8 milhões de livros vendidos), Nunca desista de seus sonhos (2,7 milhões de livros vendidos) e O médico da emoção
- Dale Carnegie: Como fazer amigos e influenciar pessoas (16 milhões de livros vendidos) e Como evitar preocupações e começar a viver
- Brené Brown: A coragem de ser imperfeito – Como aceitar a própria vulnerabilidade e vencer a vergonha (600 mil livros vendidos)
- T. Harv Eker: Os segredos da mente milionária (2 milhões de livros vendidos)
- Gustavo Cerbasi: Casais inteligentes enriquecem juntos (1,2 milhão de livros vendidos) e Como organizar sua vida financeira
- Greg McKeown: Essencialismo – A disciplinada busca por menos (400 mil livros vendidos) e Sem esforço – Torne mais fácil o que é mais importante
- Haemin Sunim: As coisas que você só vê quando desacelera (450 mil livros vendidos) e Amor pelas coisas imperfeitas
- Ana Claudia Quintana Arantes: A morte é um dia que vale a pena viver (400 mil livros vendidos) e Pra vida toda valer a pena viver
- Ichiro Kishimi e Fumitake Koga: A coragem de não agradar – Como se libertar da opinião dos outros (200 mil livros vendidos)
- Simon Sinek: Comece pelo porquê (200 mil livros vendidos) e O jogo infinito
- Robert B. Cialdini: As armas da persuasão (350 mil livros vendidos)
- Eckhart Tolle: O poder do agora (1,2 milhão de livros vendidos)
- Edith Eva Eger: A bailarina de Auschwitz (600 mil livros vendidos)
- Cristina Núñez Pereira e Rafael R. Valcárcel: Emocionário – Um guia lúdico para lidar com as emoções (800 mil livros vendidos)
- Nizan Guanaes e Arthur Guerra: Você aguenta ser feliz? – Como cuidar da saúde mental e física para ter qualidade de vida
- Suhas Kshirsagar: Mude seus horários, mude sua vida – Como usar o relógio biológico para perder peso, reduzir o estresse e ter mais saúde e energia

sextante.com.br